スイスイ うかる

販売士

（リテールマーケティング）

1級 問題集 part 4

TAC販売士研究会

TAC出版
TAC PUBLISHING Group

は じ め に

　近年，流通業界をとりまく環境は，顧客ニーズの多様化・細分化，IT化の著しい進展などにより大きく変化しています。そのため，販売士検定試験の内容をこうした時代の変化に対応させようと試験の科目体系の抜本的見直しが行われました。この結果，販売士3級は平成18年度，販売士2級は平成19年度，販売士1級は平成20年度から，新しい科目体系にもとづき出題されています。また，平成27年度試験から，「販売士検定試験」は「リテールマーケティング（販売士）検定試験」に呼称変更されました。

　2020年初めから新型コロナウイルスの感染が拡大したことから，2020年7月実施のリテールマーケティング（販売士）検定試験は中止になりました。同試験の実施団体である日本商工会議所は多くの学習者が受験機会を喪失することになったことを重く受け止め，新型コロナウイルス感染症だけでなく，自然災害などの不測の事態に対応するため，2021年7月28日からリテールマーケティング（販売士）検定試験をネット試験方式に切り替えました。

　リテールマーケティング（販売士）検定試験の大きな特徴は，学習教材である『ハンドブック』にもとづき試験問題が作成されていることです。つまり，リテールマーケティング検定試験に出題される問題の大部分は『ハンドブック』に記載されている内容がそのまま出されるか，あるいはそれをベースに問題が作成されています。したがって，『ハンドブック』以外の他の専門書等で受験勉強をしても非常に効率の悪いものとなります。

　ところが，1つ大きな問題が生じます。それは，学習教材である『ハンドブック』は2分冊から成り，これらの合計ページはB5判（本の大きさ）で595ページもあることと，学習者からすると，そこに書かれている内容をしっかり把握することが難しいということです。

　そこで，こうした読者の悩みを解決するため，『ハンドブック』に準じ，それをコンパクトに凝縮した問題集を発行することにしました。"問題を解き，その解説を読む過程で，重要なこと・ポイントを1つひとつ理解し，覚えていこう"というものです。内容構成も『ハンドブック』に準じているので，全体像を自分なりにイメージできるはずです。

CONTENTS
リテールマーケティング(販売士)検定1級問題集
Part 4〈マーケティング〉

第4章　出店戦略と商圏分析の実際

第5章　リージョナルプロモーションの戦略的展開

◆リテールマーケティング（販売士）検定試験
1級模擬テスト（マーケティング）

リテールマーケティング
（販売士）検定試験の徹底研究

1 リテールマーケティング(販売士)検定試験 1級の概要

1 試験の内容

　従来，販売士検定試験1級は筆記試験と面接試験から構成されていましたが，面接試験は平成25年度の第41回(平成26年2月19日施行)をもって廃止となりました。よって，平成26年度の第42回(平成27年2月18日施行)からは筆記試験のみが実施されています。

　ところが，2020年初めから新型コロナウイルスの感染が拡大したことで，2020年7月実施のリテールマーケティング(販売士)検定試験(2級と3級)が中止になりました。このため，同試験の実施団体である日本商工会議所は多くの学習者が受験機会を喪失することになったことを重く受けとめ，新型コロナウイルス感染症だけでなく，自然災害などの不測の事態に対応すべく，2021年7月28日からリテールマーケティング(販売士)検定試験(1級〜3級)をネット試験に切り替えました。

　従来，リテールマーケティング(販売士)検定試験1級は毎年1回，2月にしか受験機会はありませんでしたが，ネット試験の導入により，自分の都合のよい日，都合のよい時間帯に受験可能となりました。

(1)試験科目

　次の5科目です。

　①小売業の類型　　　　②マーチャンダイジング
　③ストアオペレーション　④マーケティング
　⑤販売・経営管理

(2)出題形式

　各科目とも，択一式穴埋問題　小問10問
　　　　　　　　記述式穴埋問題　小問10問

　よって，5科目合計で小問が100問出題されます。

　※「記述式穴埋問題」は，問題文中の空欄に，最も適当な語句・短文を入力する形式です。

(3) 試験時間

　休憩なしで90分。

　　①小売業の類型
　　②マーチャンダイジング
　　③ストアオペレーション 〉 90分
　　④マーケティング
　　⑤販売・経営管理

(4) 科目合格について

　1級試験の場合，不合格になっても70点以上取得した科目は「科目合格」が適用されます。有効期限は，科目合格をした受験日の属する年度の翌年度末までです。

(例) 2022年11月に受験し，「マーチャンダイジング」科目を科目合格した場合，2024年3月末まで科目合格が適用されます。なぜなら，2022年11月に受験したので，受験した年度は2022年度となります。有効期限は，受験した日の属する年度の翌年度末なので，2022年度の翌年度は2023年度となり，その年度末は2024年3月末となります。2023年度とは，2023年4月初めから2024年3月末までのことです。

※試験申込時に，合格済みの科目のみ科目別合格証明書またはスコアボードの画像を必要数すべてマイページから登録すること。

　なお，科目合格者の試験時間は，5科目受験者と同様に90分です。ただ，試験終了時間前にやめることは可能で，その時は終了ボタンと印刷ボタンを押します。

(5) 合格基準

　各科目70点以上であること。つまり，合格するためには，5科目すべての得点がそれぞれ70点以上必要です。

2 受験の手引き

(1) 受験資格

　学歴，年齢，性別，国籍等による制限はありません。

(2)試験の方法

試験会場のパソコンを使用し，インターネットを介して試験が実施されます。

(3)試験申込・試験日時

各試験会場が定める試験日時と受験者の都合を調整して，決めることになっています。

①インターネット申込方式

以下の株式会社 CBT-Solutions のリテールマーケティング（販売士）検定試験申込専用ページから，受験会場を選び，空いている日時で試験を予約できます。

これまでの統一試験日（1級は年1回）での実施と異なり，随時受験が可能です（試験日の変更，領収書の発行については，株式会社 CBT-Solutions にご相談ください）。

https://cbt-s.com/examinee/examination/jcci_retailsales

②会場問い合わせ方式

以下の商工会議所検定ホームページ内の「商工会議所ネット試験施行機関」検索ページから，試験会場を選択し，各試験会場へ直接申し込んでください。

https://links.kentei.ne.jp/organization

(4)インターネット申込方式の手順

随時，受験が可能です。その手順は次の通りです。なお，スマートフォンからの申込みは可能です（ガラパゴスケータイは不可）。

①株式会社 CBT-Solutions のリテールマーケティング（販売士）検定試験申込専用ページ（https://cbt-s.com/examinee/examination/jcci_retailsales）にアクセスします。

②ユーザ ID とパスワードを取得し，受験者登録を行います。これにより，マイページ（受験者専用ページ）が作成できます。

③ログインし，希望の試験（1級，2級，3級）を選択します。試験会場を選び，空いている日時で試験を予約します。

なお，受験日・会場の変更・キャンセルはマイページから受験日の3日前（例：受験日が21日の場合は18日）まで可能です。

(5)受験料

1級－7,850円(税込)

※上記の受験料の他に，別途，事務手数料として，受験者1名あたり550円
(税込)がかかります。

(6)試験当日の持ち物

・本人確認証　　・電卓

※持ち込み可能な電卓は計算機能(四則演算)のみのものに限ります。

3 試験の実施状況

　下表に示されるように，統一試験は2021年2月でもって終了し，2021年7月28日以降は，ネット試験が実施されています。

〔統一試験〕

回	受験者数	実受験者数	合格者数	合格率
85回(2020・2・19)	1,133名	909名	194名	21.3%
87回(2021・2・17)	836名	695名	174名	25.0%

〔ネット試験〕

期間	受験者数	実受験者数	合格者数	合格率
2021・7・28～ 2022・3・31	844名	795名	137名	17.2%
2022・4・1～ 2022・12・31	764名	707名	149名	21.1%

2 ネット試験の概要

■ 択一式穴埋問題の出題形式

　下に示されているように、「次の各問の〔　　〕の部分にあてはまる最も適当なものを選択肢から選びなさい」というものです。そして、〔　　〕にあてはまるものが、たとえば「需要創造の原理」と思ったら、その左側にある。の穴をマウスでクリックします。すると、穴が黒くなります。

　次の各問の〔　　〕の部分にあてはまる最も適当なものを選択肢から選びなさい。

　〔　　〕とは、小売業にとって、市場や顧客は客観的な存在ではあるが、小売業が自己の英知を結集して働きかければ、市場や顧客を変えることも、また、創り出すこともできるというものである。

- 。　需要創造の原理
- 。　主体性維持の原理
- 。　販売中枢性の原理
- 。　科学的市場認識の原理

。解答状況　　。再考する　　。前の問題へ　　。次の問題へ

解答が終了すると，最下段に「。解答状況」「。再考する」「。前の問題へ」「。次の問題へ」という４つのボタンが並んでいるので，これらのうちどれかを選んで，。の穴をマウスでクリックします。

「。次の問題へ」のボタンを押すと，下のような問題がパソコン画面に出ます。ネット試験では合計100問出題されますが，下に示されてあるように，パソコン上の１画面には問題１問だけが掲載されています。

問題１問で，パソコン画面が１画面

↓ ↓

次の各問の〔 〕の部分にあてはまる最も適当なものを選択肢から選びなさい。

〔 〕とは，セグメンテーションなどの頭文字を取って名づけられた分析方法で，まず市場を細分化し，その中から自社が有利に戦えそうな特定部分を選び，その市場での自社の立ち位置を決めるというフレークワークである。

- ◦ SPEC 分析
- ◦ SPM 分析
- ◦ STP 分析
- ◦ SWOT 分析

◦解答状況　◦再考する　◦前の問題へ　◦次の問題へ

画面の最下段にある「。解答状況」を押すと，5科目すべての解答状況（解答状況一覧）を示す画面に切り替わります。

　下の「ストアオペレーション」と「マーケティング」はその一部を示したものです。「解答状況」は「解答済」「未解答」「再考」「解答中」の4つに分けられ，それらが色分けして表記されています。たとえば，「解答済」は青，「未解答」は赤，「再考」は黄，「解答中」は黒というように。

〔ストアオペレーション〕

1	2	3	4	5	6	7	8	9	10
青	青	青	青	青	赤	赤	青	黄	青

青 →解答済
赤 →未解答

11	12	13	14	15	16	17	18	19	20
赤	青	青	青	青	黄	黄	青	赤	青

黄 →再考
黒 →解答中

〔マーケティング〕

1	2	3	4	5	6	7	8	9	10
青	青	赤	青	青	黄	赤	青	青	青

青 →解答済
赤 →未解答

11	12	13	14	15	16	17	18	19	20
赤	青	青	黄	青	青	黒	赤	赤	赤

黄 →再考
黒 →解答中

　なお，たとえば，マーケティングの17番を解いていて，ストアオペレーションの未解答の問題を処理したいと思ったら，「解答状況」の穴をクリックし，「解答状況一覧」に切り替え，そこでストアオペレーションの6番のボタンを押せばよい。

2 記述式穴埋問題の出題形式

　次ページにあるように，「次の各問の〔　　〕の部分にあてはまる最も適当な語句・短文を記入しなさい」というものです。そして，〔　　〕にあてはまるものが，たとえば「消費や価値観の多様化が進展した」と思ったら，その下にある▢▢▢▢▢の中に，キーボードを使って，「消費や価値観の多様化が進展した」と入力します。もちろん，記入した解答を後で訂正することはできます。一応解答はしたものの，後で「再考」したいと思ったら，画面の最下段にある「。再考する」をクリックしておきます。

　次ページのパソコン画面の「最上部」を見てください。ここには，「リテールマーケティング（販売士）1級」「77／106」「40：25」となっています。「リテールマーケティング（販売士）1級」は，「1級の販売士試験」であることを示しています。「77／106」は，全部で106画面ありますが，この画面は最初から数えて77番目の画面であることを示しています。ただし，これは試験内容と直接関係はありません。「40：25」は，試験の残り時間が40分25秒であることを示しています。

　また，その下の「マーケティング　11／20問」は，下の問題は「マーケティング」の問題で，「マーケティング」の問題20問のうち，11番目の問題であることを示しています。

　P10とP11の問題は，「マーケティング」の問題のうち「択一式穴埋問題」であるので，パソコン画面上には「マーケティング1／20問」「マーケティング2／20問」などと書かれています。

　「択一式穴埋問題」のときは各問題とも，「次の各問の〔　　〕の部分にあてはまる最も適当なものを選択肢から選びなさい」という問題設定ですが，「記述式穴埋問題」は各問題とも，「次の各問の〔　　〕の部分にあてはまる最も適当な語句・短文を記入しなさい」という問題設定です。

正　解		
第1問（〔　　〕とは，小売業……）	正解	主体性維持の原理
第2問（〔　　〕とは，セグメ……）	正解	STP分析
第3問（デモグラフィック……）	正解	消費や価値観の多様化が進展した

リテールマーケティング（販売士）1級　　77／106　　40：25

マーケティング　11／20問

　次の各問の〔　　〕の部分にあてはまる最も適当な語句・短文を記入しなさい。

　デモグラフィックデータにもとづいた顧客特性は，多数の人にあてはまる。しかし近年，〔　　〕ことにより，「所得の高い男性は××を欲している」といったステレオタイプが急速に変化している。従来の常識にとらわれていると，どの顧客からも支持を得ない最大公約数的ルールを設定しがちになり，その結果，誤った施策をとってしまう可能性がある。

◦解答状況　◦再考する　◦前の問題へ　◦次の問題へ

3 | 本書の特長と利用法

■ 「択一問題」と「正誤問題」を中心に掲載した

　従来，リテールマーケティング（販売士）１級の出題形式は「正誤問題」「択一問題」と「記述式問題」の２つのタイプから構成されていました。

　ところが，ネット試験の導入により，販売士１級の出題形式は，「択一式穴埋問題」と「記述式穴埋問題」の２つのタイプに変更されました。「択一式穴埋問題」は P10 と P11，「記述式穴埋問題」は P14 に掲載されています。

　P10 に掲載した問題は「マーケティングの指導原理」に関するものですが，その類似問題が P24 に掲載した「小売業におけるマーケティングの指導原理に関する択一問題」です。

　P10 に掲載した問題から得られる知識は，「主体性維持の原理はどういうものか」ということだけです。他の「需要創造の原理」などについては不明です。一方，P24 に掲載した問題からは，「非価格競争の原理」「主体性維持の原理」「需要創造の原理」「科学的市場認識の原理」「販売中枢性の原理」をまとめて学ぶことができます。つまり，１つの問題から多くのことを学ぶためには，従来のような「択一問題」「正誤問題」を作成し，それを解くことが早道ということです。

　したがって，本書では，従来のような「正誤問題」「択一問題」を中心に掲載しました。

■ 「ハンドブック」の内容にもとづいた問題作成

　リテールマーケティング（販売士）検定試験の問題は，学習教材であるハンドブックの内容にもとづいて作成されています。したがって，本書の問題もハンドブックの内容に忠実に問題を作成しました。

　たとえば，『販売士ハンドブック（発展編）③ストアオペレーション　④マーケティング　⑤販売・経営管理』（下巻）の P143 に表１-２-２「市場細分化の前提条件」があります。

　同表には，「測定可能性」について，「セグメントされた市場の規模と購買力を容易に測定することができること」と記述されています。また，「実質性（維持可能性）」について，「セグメントされた市場の規模が，企業として十分な利益の回収を見込める大きさを持っていること」と記述されています。

本書では，この箇所をもとに次のような問題を作成しました。

> □ 次のア～オは，市場細分化について述べたものである。正しいものには1を，誤っているものには2を記入しなさい。
>
> ア　………
> イ　………
> ウ　市場の細分化の前提条件の1つである「測定可能性」とは，セグメントされた市場の規模が企業として十分な収益の回収の見込める大きさを持っていることをいう。

　ウの答えは当然2となります。販売士検定試験の場合，ハンドブックにもとづいて問題を作成しているので，上記の箇所を使って問題を作成した場合，上のウのような問題が作成される可能性もあります。よって，本書に記載されていることは，間接的に，ハンドブックに記載されていることを理解することになります。

❸ 「ハンドブック」の内容構成と同じ

　ハンドブックは，『販売士ハンドブック（発展編）①小売業の類型　②マーチャンダイジング』上巻と，『販売士ハンドブック（発展編）③ストアオペレーション　④マーケティング　⑤販売・経営管理』下巻の2分冊から成ります。しかし，本シリーズでは，その構成を，『Part 1〈小売業の類型〉』『Part 2〈マーチャンダイジング〉』『Part 3〈ストアオペレーション〉』『Part 4〈マーケティング〉』『Part 5〈販売・経営管理〉』の5分冊としました。おそらく，学習者からすれば，5分冊で勉強する方が気分もよいし，効率もアップするものと考えます。

　また，ハンドブックの「マーケティング」の内容構成は，「第1章　リテールマーケティング戦略の実践」～「第5章　リージョナルプロモーションの戦略的展開」となっています。これについて，本シリーズはハンドブックと同じものになっています。

　ハンドブックの「第1章　リテールマーケティング戦略の実践」は，「第1節　マーケティング概論」「第2節　リテールマーケティング戦略の概論」「第3節　リテールマーケティングの課題（STP）」の3つの節から構成されていますが，

本シリーズではこれを「実力養成問題　マーケティング概論」「実力養成問題
リテールマーケティング戦略の概論」「実力養成問題　リテールマーケティン
グの課題（STP）」という形式で表しました。

　おそらく，これにより読者も安心して，本書に取り組めると思います。

4　わかりやすい解説

　本書の大きな特長の１つは 解説 が充実していることです。下の問題は「第
２章　ライフスタイルの変化とマーケティング戦略の展開方法」の最初の問題
（P66）です。

□ 次のア～オは，マーケットセグメンテーション（市場細分化）に
　関する記述である。正しいものには１を，誤っているものには２
　を記入しなさい。

　ア　マーケットセグメンテーションとは，市場をマーケティング戦
　　　略上，同質と考えられるセグメントに分け，ターゲット顧客の市
　　　場にアプローチするものである
　イ　マーケットセグメンテーションの背景には，市場全体を対象と
　　　して，一様なマーケティング活動を展開することがより有効であ
　　　るという考えがある。

アの問題文を読んでいて気になるのが，"セグメント"の意味です。そこで，解説には「セグメントとは，市場を一定の基準で区切った集団のことである」と説明してあります。また，「基準」にはどういうものがあるかについても説明しています。

　イの解説では，イの問題文が誤りである理由について述べるとともに，それぞれのセグメントに対して，どのようなマーケティング活動を展開するのかについても述べています。

　以上のように，問題文と，その解説をじっくり読むことで，新しい知識を吸収できるよう，工夫がしてあります。"追加的に覚えるものは何かないか"という姿勢を絶えず堅持しましょう。

5 　"記述式問題"の対策もできる

　１級販売士検定試験の大きな特徴は，"記述式"の問題が出題されることです。ただ，ネット試験の導入により，記述式の出題形式は大きく変わりました。

　そこでまずは，従来の記述式の出題形式を見てみましょう。

　第43回販売士検定試験で出題されたテーマは次の通りです。

> ● SWOT 分析について，以下の設問に答えなさい。
> (1) SWOT 分析の 4 つの要素とその内容について，それぞれ 1 行以内で説明しなさい。
> (2) SWOT 分析の意義について，2 行以内で説明しなさい。
>
> ●新・小売引力（コンヴァース）の法則は何を説明しているか，4 行程度で説明しなさい。

　上記の 2 問を見てわかるように，出題テーマは受験者が比較的書きやすいものが選ばれていました。ただ，限られた時間内に，限られたスペースに，自分の伝えたいことをうまく表現しなければならないので，何度も書いて，文章を書くのに慣れるまでが大変だと考えられます。

　一方，ネット試験の記述式穴埋問題は先に示したように，下記のような問題です。

◉次の各問の〔　　〕の部分にあてはまる最も適当な語句・短文を記入しなさい。

⑪　デモグラフィックデータにもとづいた顧客特性は，多数の人に当てはまる。しかし近年，〔　　〕ことにより，「所得の高い男性は××を欲している」といったステレオタイプが急速に変化している。従来の常識にとらわれていると，どの顧客からも支持を得ない最大公約数的ルールを設定しがちになり，その結果，誤った施策をとってしまう可能性がある。

>

　上問の〔　　〕には，「消費や価値観の多様化が進展した」が入ります。この場合，「消費や価値観の多様化が進展した」ときっちり記述しないことには得点にはなりません。この点が，新たに導入されたネット試験の記述式穴埋問題の難しい点です。〔　　〕に入る語句や短文が，"確実にこれしか入るものがないもの"となっています。なぜなら，自動採点であるからです。

6 巻末にネット試験の模擬テストを掲載

　ネット試験は，「択一式穴埋問題」10 問，「記述式穴埋問題」10 問の 2 本立てです。

　本書の本文には，従来の「択一問題」「正誤問題」と「記述式穴埋問題」は掲載してありますが，「択一式穴埋問題」は掲載していません。その理由は，従来の「択一問題」「正誤問題」と「記述式穴埋問題」でトレーニングを積めば，おのずと「択一式穴埋問題」を解く実力が身につくと考えたからです。

　ネット試験の模擬テストに取り組む際に注意してもらいたいことは次の点です。

・制限時間を守ること。ただし，得意，不得意科目があると思うので，不得意科目の場合は制限時間を 5 分程度オーバーしても OK です。

・解ける問題はスイスイ解いていけば OK ですが，問題は"後で処理したい問題"をどうするかということ。人によっては，その場で決着をつける方が結果はよいという人もいるので，この模擬テストを通じて自分にとってベターはどちらかを考えてみましょう。

・模擬テスト 1 が終了し，自己採点が終わった後で，模擬テスト 2 に取り組むこと。決して，模擬テスト 1 と模擬テスト 2 を同時に行わないこと。どのようなペースで問題を解いていけばよいかを知っておくことは大切です。

リテールマーケティング戦略の実践

第1章

マーケティング概論(1)
マーケティングの基本的概念

□ 次の文中の〔 〕の部分に，下記の語群のうち最も適当なものを
選びなさい。

　　マーケティングの基本的概念とは，小売業が対市場活動を展開
する場合の〔ア〕または店舗経営の基本的考え方や姿勢のことであ
る。

　　マーケティングが日本に導入された当初は，消費財メーカーを
主体として生産志向や〔イ〕志向の反省から芽生えた概念として位
置づけられていた。その後，マーケティングは公害問題の発生や
企業の〔ウ〕の台頭など，何度かの洗礼を受けて進化し，今日のよ
うに小売業にも定着した。

　　小売業におけるマーケティングの骨子は，「小売業は〔エ〕を追
求するが，それは小売業の利己主義であってはならない。〔オ〕の
必要性や顧客の満足，社会への貢献が，小売業に存在の意義や根
拠を与えるものと認識する」などである。

〈語　群〉
①利益　　　　②品質　　　　③経営管理
④消費者　　　⑤販売　　　　⑥社会的責任論
⑦市場　　　　⑧効率　　　　⑨理念
⑩社会的責任否定論

POINT!! 解説

ア：「理念」が入る。ここでの「理念」は，「本来あるべき考え方・姿勢」の意味
　　で使われている。「経営理念」「法の理念」などとしてよく使われるので，
　　「理念」という用語は覚えておくとよい。

イ：マーケティングが日本に導入された当初は，大量生産による大量販売の
　　反省から芽生えた概念として位置づけられていた。つまり，マーケティン
　　グは，「つくったものを売る」という発想への反省から生まれた概念として
　　位置づけられていた。

ウ：資本主義経済の発展のプロセスの中で，大規模企業が誕生した。企業規

模が小さく，多数の小企業が競争している状況下においては，企業の社会的責任という概念はなかったが，大企業が誕生し，その影響が著しく大きくなっていくと，企業の社会的責任論が登場することになった。また，大企業自体も，今後，存続・発展を遂げていくためには企業の社会的責任を無視できないものとなった。

エ：「利益」が入る。小売業も企業である以上，利益を当然獲得することになるが，従来のように利己主義による利益追求はもはや許されなくなった。

オ：「市場」が入る。「市場の必要性」とは，自社の商品に対する需要があることをいう。「市場」という言葉はいろいろな意味に使われるので，臨機応変に解釈できるようにしておこう。

ハンドブックでは，「小売業におけるマーケティングの骨子」として次の4つを挙げている。

①小売業は利益を追求するが，それは小売業の利己主義であってはならない。市場の必要性や顧客の満足，社会への貢献が，小売業に存在の意義や根拠を与えるものと認識する。

②市場や顧客の現在および将来の欲求・ニーズを的確に把握し，それに商品やサービスを適合させる努力を真剣に行わなければならない。

③短期的な視点からだけでなく，中・長期的視点に立ち，小売業の維持・発展を追求する。そのためにも，顧客満足度の向上を目指すだけでなく，社会への貢献ということも絶えず考える。

④店舗経営を効果的に展開するためには，小売業組織内部のマーケティング活動に対する管理運営体制を改革する必要がある。

正解 □ ア⑨ □ イ⑤ □ ウ⑥ □ エ① □ オ⑦

第1章　第2章　第3章　第4章　第5章　模擬テスト

マーケティング概論 (2)
マーケティングの指導原理

□ 次のア～オは，小売業におけるマーケティングの指導原理に関する事項である。最も関係の深いものを下から選びなさい。

ア　非価格競争の原理
イ　主体性維持の原理
ウ　需要創造の原理
エ　科学的市場認識の原理
オ　販売中枢性の原理

①市場調査，心理テストなど，科学的な調査分析の技術を駆使して市場の実態を正確に把握し，適正，かつ妥当なマーケティング活動を遂行しようという考え方。

②経済発展により顧客の欲求は流動的に変化するが，小売業の側からの積極的な働きかけによっても顧客の欲求は拡大するという考え方。

③短期的な視点からだけでなく，中・長期的視点に立ち，小売業の維持・発展を追求するという考え方。

④店舗の雰囲気，商品特化，返品制などのサービス強化などで差別化を打ち出すことで，自店の優位性を高めていくという考え方。

⑤店舗経営を効果的に展開するためには，小売業組織内部の管理運営体制を改革する必要があるという考え方。

⑥市場の必要性や顧客の満足，社会への貢献が小売業に存在の意義や根拠を与えるという考え方。

⑦小売業内部の組織体制も販売を前面に押し出し，販売を中枢に据えて諸活動を統合させることが必要であるという考え方。

⑧小売業が自己の英知を結集して働きかければ，市場や顧客を変えることも，また創り出すこともできるという考え方。

POINT!! 解説

　上問に類似した問題は，第38回販売士検定試験で出題された。今後も「小売業におけるマーケティングの指導原理」に関する問題は出題されると考えられるので，しっかり準備しておこう。

　ハンドブックでは，小売業におけるマーケティングの指導原理として，次の5つを挙げている。

◆需要創造の原理
◆非価格競争の原理
◆販売中枢性の原理
◆主体性維持の原理
◆科学的市場認識の原理

ア：通常，企業間の競争は価格競争，すなわち価格の引下げ競争により行われる。これに対し，非価格競争とは価格以外のものでの競争のことで，具体的には品質，商標，広告などによる競争である。

　資本主義の初期の段階および発展段階においては，価格競争が大部分の業界で行われた。しかし，価格の引下げ競争は競争を行う企業の体力をそぐことになるため，企業間の競争は価格競争から非価格競争にシフトすることになった。ただし，非価格競争の下においても企業間の競争は激しく展開されている。

　小売業界における非価格競争は，店舗の雰囲気，商品特化，返品制などのサービス強化などの点で行われており，これらの点に優れた小売業が売上を伸ばすことになる。

イ：主体性維持の原理とは，小売業が主体性をもって，市場や顧客に対して働きかけるべきであるというものである。この原理は当たり前のように思われるが，マーケティングの基本理念が顧客志向であるため，顧客に従属するというイメージがあることから，それを打ち消す意味も含めて，主体性維持の原理が打ち出されている。

ウ：需要創造の原理は，マーケティングの考え方を支える原理の中でも中心的な存在である。

経済の発展に伴い，所得は増加することから，消費者の需要は必然的に変化する。小売業からすれば，その需要の変化を追いかければよいが，それだけでは不十分というのがマーケティングの基本的考え方である。つまり，消費者の需要の変化を追いかけるとともに，小売業の側から消費者に対して積極的に働きかけることにより，潜在的需要を掘り起こし，かつ，市場を創造していかなければならないというものである。

エ：科学的市場認識の原理とは，適正なマーケティング活動を行うためには市場の実態を正確に把握することが肝要であるというものである。これを逆にいえば，市場の実態を把握することは非常に難しいということである。したがって，あらゆる方法および角度からの調査が必要となるが，市場自体が変化することもあり，市場の実態はなかなか正確には把握できない。

オ：販売中枢性の原理とは，販売を前面に押し出した組織体制に組み替え，販売を中枢に据えて小売業の諸活動を統合するというものである。この背景には，従来の「生産したものを売る」という考え方から，「売れるものを生産要請する」「売れたものを生産要請する」という考え方の大きな変化がある。

正解　□ ア④　□ イ⑧　□ ウ②　□ エ①　□ オ⑦

実力養成問題	**マーケティング概論(3)** 生活者の欲求と行動 (1)

□ 次の文中の〔　〕の部分に，下記の語群のうち最も適当なものを選びなさい。

　マーケティングの実施においては，消費者を「〔ア〕」として捉えることが肝要である。〔ア〕は，文化的・社会的背景の中に生きる人間である。嗜好や欲求状態が環境的刺激に対して変化し，感情や心理的要因に支配されて，選択行動を起こす。したがって，マーケティングは，生活を人間としてダイナミックに捉える必要がある。〔イ〕的な立場ばかりでなく，社会学，心理学，さらに生態学的な観点を統合した極めて学際的なアプローチが必要とされている。

　同時に，市場は〔ア〕の集まりである。リテールマーケティングの担当者は，市場(商圏)を把握する場合，その構成員である特定の〔ア〕に注目する必要がある。

　P.コトラーは，市場創造，あるいは消費者行動の特性を把握する場合には，「〔ウ〕つの〔エ〕」と呼ばれる質問をすることにより自己の市場を明確にすることが可能である，としている。〔ウ〕つの質問をして市場と〔ア〕を把握し，市場と生活者に対応した〔オ〕を慎重に決定する。

〈語　群〉

①4　　　②5　　　③法学
④O　　　⑤W　　　⑥生産者
⑦生活者　⑧マーケティングミックス
⑨経済学　⑩マーケティング目標

POINT!! 解説

アとイ：アには「生活者」，イには「経済学」が入る。マーケティングの実施に
際しては，消費者を生活者として捉えることが肝要であるということ。消
費者という概念は人間を経済学的な生き物として捉えるという意味あい
があるが，マーケティングでは人間を消費者としてではなく，生活者として
捉えるというものである。

　生活者として捉えた場合，人間の行動を把握するうえで，人間を経済学
的にばかり捉えることはできず，社会学，心理学などからのアプローチが
必要というものである。

ウとエ：P. コトラーは，市場創造を行う場合，あるいは消費者行動の特性を
把握する場合には，次のような「4つのO」と呼ばれる質問をすることで，
自己の市場を明確にできるとしている。

表　4つのO（質問）

誰が買うか (Organization for Purchasing)	購買するのは誰か，使用する者，提案する者，影響を与えるグループ，決定する者などを明らかにする。
何を買うか (Object of Purchase)	生活者の購買欲求を満たす効用は何か，小売業の提供条件の何を評価しているのか。
なぜ買うか (Objectives of Purchase)	購買の目的・購買行動は，人間行動の一部であるから，さまざまな要因が影響しているはずである。
どんな方法で買うか (Operations of Purchase)	購買するためにどのような行動をするか，どこで買うか，商品選択のためにどのような手段を用いているか。

出所：『販売士ハンドブック（発展編）』

オ：市場と生活者に「4つのO」と呼ばれる質問をすることでこれらを把握す
ることにより，初めてこれらに対応したマーケティングミックスを決定で
きることになる。逆にいえば，効果的，かつ効率的なマーケティングミッ
クスを実施するため，「4つのO」と呼ばれる質問をすることによって，そ
の対象である市場と生活者を正確に把握しようというものである。

正解　□ ア⑦　□ イ⑨　□ ウ①　□ エ④　□ オ⑧

実力養成問題 マーケティング概論（4）
生活者の欲求と行動 (2)

次の文中の〔　〕の部分に，下記の語群のうち最も適当なものを選びなさい。

　人間の行動を促進するものに〔ア〕がある。商品やサービスを購入する際に，この〔ア〕が働いて購買行動を起こす。E.J.マッカーシーは，購買行動を起こさせる〔ア〕を〔イ〕的〔ア〕と，〔ウ〕的〔ア〕に分類している。前者には，感覚の満足，種族の保存，恐怖などがある。

　また，購買〔ア〕を発生させる主原因は，〔エ〕である。〔エ〕は，外部環境や状況に応じて変化する。生活の質が高度化すれば，〔エ〕も高度化する。〔エ〕は潜在的なものであるが，〔オ〕は〔エ〕が顕在化したものといえる。

　リテールマーケティングの展開においては，この潜在している〔エ〕を探し出し，〔オ〕として顕在化させ，さらにその〔オ〕を満足させることが中心課題となっている。

〈語　群〉
①主観　　②欲求　　③情報
④要求　　⑤合理　　⑥ニーズ
⑦興味　　⑧動機　　⑨情緒
⑩客観

POINT!! 解説

　マッカーシーは，生活者が購買行動を起こす動機を「情緒的動機」と「合理的動機」の2つに分類し，それらを下表のようにさらに分類している。

　なお，ハンドブックでは，「動機については，もともと心理学の分野で研究されていたが，1950年代ごろからマーケティングの分野でも注目され，動機調査（モチベーションリサーチ）として活用されている」と記述されている。

　また，ハンドブックは，動機調査（Motivation Research）について，「内面的で明確に意識されていない，人間行動を決定する根本的動機，意識の深層

第1章　第2章　第3章　第4章　第5章　模擬テスト

情緒的動機	合理的動機
・感覚の満足：食欲の充足，センスの良さ，個人的快楽の確保 ・種族の保存：セックスと結婚，子供に対する愛情 ・恐怖：自分の保護，他人の保護 ・休養：緊張の緩和，レジャーの取得と拡大，健康の維持，娯楽，家族の集い ・自尊心：容姿，財政状態，社会的貢献，芸術鑑賞 ・社交性 ・努力：社会的名声の獲得，経験の蓄積，野心，教養の広がり，高い目標設定，対抗，経済的対抗 ・好奇心	・便利さ ・操作性ないし便宜上の効率 ・使用上の汎用性 ・付加サービスの信頼性 ・耐久性 ・所得力の増進 ・真の生産性の促進 ・購買ないし利用による節約

出所：『販売士ハンドブック（発展編）』

に横たわる隠れた動機を捉えようとする方法のこと。潜在意識の理由を明らかにするための消費者の思考や態度に関する鋭い分析を意味する」と述べている。

　また，こうした購買動機を発生させる主原因は生活者の欲求である。欲求とニーズの違いは，欲求が潜在的なものであるのに対し，ニーズは欲求が顕在化したものであるということ。なお，リテールマーケティングの中心課題は，これらの欲求をニーズとして顕在化させ，そのニーズを満足させることである。

実力養成問題　マーケティング概論(5)
生活者行動の分析 (1)

□ 次の文章は，生活者の購買行動のプロセスに関して述べたものである。文中の〔　〕にあてはまるものを下の語群から選びなさい。

　　生活者の購買過程の出発点は，〔ア〕の知覚である。〔ア〕は，内部と外部からの刺激により喚起される。生活者は知覚された〔ア〕を満たすため，解決されるべき〔イ〕を認識する。〔イ〕が認識されると，これを解決するために〔ウ〕の探索が行われる。個人が〔ウ〕を得ると，いろいろな代替案や相対的魅力を明らかにするため，〔ウ〕を利用して〔エ〕を行い，自分の〔ア〕を最も満たす商品やサービスの購買を決定する。

　　生活者は購買したものを一定期間使用し，〔オ〕の〔エ〕を行い，これがフィードバックされて，次回の購買行動に影響を与える。

〈語　群〉
①評価　　　②販売網　　　③情報
④購入後　　⑤商圏　　　　⑥欲求
⑦満足感　　⑧特性　　　　⑨問題
⑩意思決定

POINT!!　解説

　ハンドブックは，生活者の購買過程の動きを下図のようにまとめている。「購買行動のプロセス」は第42回販売士検定試験において「択一式問題」として出題されたので，今後，出題の可能性は十分ある。よって，このプロセスは繰り返しチェックし，覚えておこう。

ア：「欲求」が入る。欲求は，内部と外部からの刺激により呼び起こされる。内部からの刺激としては「のどの渇き」「空腹」などがある。外部からの刺激としては「他人が持っている車が欲しくなる」などがある。ここでは，「生活者の購買過程の出発点は欲求の知覚である」ことをしっかり覚えておこう。
イ：「問題」が入る。生活者は知覚された欲求を満たすための条件が揃えば，直ちに欲求を充足することになる。しかし，大部分の場合，たとえば自動

図　購買行動のプロセス

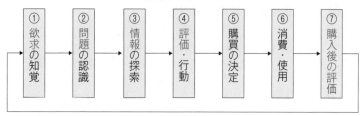

①欲求の知覚 → ②問題の認識 → ③情報の探索 → ④評価・行動 → ⑤購買の決定 → ⑥消費・使用 → ⑦購入後の評価

フィードバック

出所：『販売士ハンドブック（発展編）』

車を買い替えたいと思っても，資金がないなどの問題が生じる。欲求を満たすためには，これらの問題をすべて解決しなければならない。

ウ：「情報」が入る。欲求を満たすための問題を解決するためには，これを解決するための手段として情報の探索が必要となる。自動車を買い替えるための資金が不足しているならば，不足金を調達するための方法をいろいろな人から教えてもらう必要がある。

エ：「評価」が入る。多くの情報を収集すると，問題解決のためのいろいろな代替案が出てくる。したがって，これらの情報を総合的に分析して，どの代替案がベストであるかという評価を下し，商品やサービスの購買を決定する。

オ：「購入後」が入る。商品を購入すると，一定期間使用してみて，その商品の評価を下すことになる。これを購入後の評価という。購入後の評価をフィードバックして，次回の購買の際の貴重な判断材料とする。つまり，顧客（生活者）が期待された満足を充足したと思えば，次回も同じ商品（ブランド）を購買する可能性が大きくなり，不満足のときには，次回はほかの商品（ブランド）にスイッチされることがある。

正解　□ ア⑥　□ イ⑨　□ ウ③　□ エ①　□ オ④

実力養成問題　マーケティング概論 (6)
生活者行動の分析 (2)

□ 次の文中の〔　〕の部分に，下記の語群のうち最も適当なものを選びなさい。

　　生活者行動を論ずる場合，心理学的に欲求，ニーズ，動機などの状況を把握するばかりでなく，これらに大きな影響をもたらす〔ア〕的なアプローチも重要である。

　　生活者行動全般に影響をもたらす要因としては，年齢・性別・所得・家族構成・学歴・住居地域などの〔イ〕要因で特徴をみる場合と，生活者の日常の活動や興味・関心によって変化する価値観の差異などの〔ウ〕要因で特徴をみる場合の2つがある。この双方の要因が作用して，生活者の〔エ〕を起こさせる，と考えられている。つまり，生活者の性別・年代・所得などで商品の選択やブランドに対する忠誠心（ロイヤルティ）に差異をもたらすのである。

　　さらに，それらの人々の生活に対する態度や価値観によっても大きく左右される。このように生活者行動は，ただ1つの側面から観察したのでは，あまり意味を持たない。そこで，より総合的，かつダイナミックに生活者行動を捉えるために，近年，〔オ〕分析が注目されている。

〈語　群〉
①社会心理学的　　②外的　　　　　③購買行動
④ライフスタイル　⑤経済学　　　　⑥内的
⑦パレート　　　　⑧消費行動　　　⑨社会学
⑩人口統計的

ア：「社会学」が入る。生活者行動を明らかにするためのアプローチとして，心理学的方法，つまり欲求，ニーズ，動機などを把握するという方法があるが，このほかに注目されるのが社会学的アプローチである。生活者自身が非常に複雑な存在であるため，その行動の分析はさまざまな角度からのアプローチが必要となる。

イ：「人口統計的」が入る。人口統計的（デモグラフィック）要因としては，年齢，性別，所得，家族構成，学歴，住居地域などがあり，これらにより生活者行動の特徴をみることができる（試験に出た！）。

　デモグラフィック要因は市場細分化の基準の1つで，サイコグラフィック要因などと比較してターゲットへの到達可能性が高い。ターゲットへの到達可能性が高いとは，デモグラフィック要因で市場を細分化していけば，市場標的にたどりつくのが比較的容易ということである。

　また，デモグラフィック要因は2次データの利用可能な場合が多く，測定が容易という特徴がある。

ウ：「社会心理学的」が入る。社会心理学的（サイコグラフィック）要因としては，生活者の価値観の差異などがあり，これらにより生活者行動の特徴をみることができる（試験に出た！）。サイコグラフィック要因も市場細分化の基準の1つであるが，デモグラフィック要因と比較してターゲットへの到達可能性が低い場合が多い。

エ：「購買行動」が入る。つまり，購買行動は欲求，ニーズ，動機によって起こるが，このほかに，デモグラフィック要因やサイコグラフィック要因によっても起こる。

オ：「ライフスタイル」が入る。生活者行動は心理学的要因や社会学的要因などによって起こることから，より総合的かつダイナミックに生活者行動を把握する方法として，ライフスタイル分析が近年注目されている。

　なお，これに関連してハンドブックは，「生活者行動分析の場合，量的に分析できる面もあるが，ライフスタイル分析はかなり質的な分析に重点が置かれている。最近では，マーケティングサイエンスの進歩により，コンピュータを用いて多変量解析などを行い，複数の質的要因を分析することが可能になっている」と述べている。

正解 □ ア ⑨ □ イ ⑩ □ ウ ① □ エ ③ □ オ ④

実力養成問題 リテールマーケティング戦略の概論（1）
リテールマーケティング戦略の体系（1）

□ 下図は，リテールマーケティング戦略の体系を示したものである。〔　〕の部分に該当するものを下の語群から選びなさい。

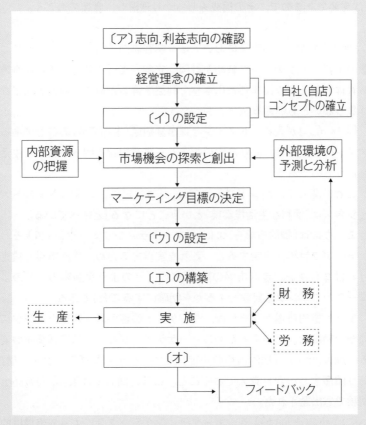

〈語 群〉

①ドメイン　　②ゴール　　③コンセプト
④販売　　⑤標的市場　　⑥評価
⑦経営計画　　⑧顧客　　⑨コントロール
⑩マーケティングミックス

POINT!! 解説

　上問に類似した問題が，第37回販売士検定試験，第81回販売士検定試験で出題された。上問の図はハンドブックに掲載されている「リテールマーケティング戦略の体系図」である。この「リテールマーケティング戦略の体系図」は重要であるので，その構成をしっかり理解し，覚えておこう。

ア：「顧客」が入る。小売業においては，顧客志向，利益志向という2つの理念の下にマーケティング戦略が計画，立案，実行されている。顧客志向であれば利益を生み出すことになり，利益を得るためには顧客志向でなければならないともいえる。

イ：「ドメイン」が入る。ドメインとは事業領域（生存領域）のことである。ドメインの設定とは，顧客志向の視点から事業内容を明らかにし，生活提案を行うものである。

　　これに関して，ハンドブックでは，「コンビニエンスストアのドメインビジネスは“便利な生活提案業”ということになる」と述べている。

ウとエ：ウには「標的市場」，エには「マーケティングミックス」が入る。マーケティング目標が決定すると，これを実現するため，標的市場を設定しなければならない。標的市場の設定とは，「どのような顧客の，どのようなニーズとウォンツを対象とするかを明確にすること」である。

　　また，標的市場が決まれば，ターゲット顧客のニーズやウォンツに効果的かつ効率的に対応するためのマーケティングミックスの構築が必要となる（試験に出た！）。「標的市場の設定」→「マーケティングミックスの構築」という順序をしっかり覚えておくこと。これに関しては第40回販売士検定試験でも出題された。

オ：「コントロール」が入る。マーケティングミックスによって市場標的にアプローチする過程において，財務など他の部門との連携が必要となり，予想外のことが発生することから，継続的な業績の把握と統制（コントロール）が肝要となる。

正解 □ ア ⑧ □ イ ① □ ウ ⑤ □ エ ⑩ □ オ ⑨

実力養成問題 リテールマーケティング戦略の概論（2）
リテールマーケティング戦略の体系（2）

第1章

第2章

第3章

第4章

第5章

模擬テスト

□ 次のア～オは，リテールマーケティング戦略に関する記述である。正しいものには1を，誤っているものには2を記入しなさい。

ア　リテールマーケティング戦略は，マーケティングを実施する部門に限定された戦略である。

イ　経営理念は，トップをはじめとする意思決定のガイドラインであり，小売業の具体的な行動に結びつく指針を内包していなければならない。

ウ　市場機会の探索にあたっては，企業外部の環境の動きを予測することが重要で，企業内部の資源は無限に存在すると考えておくとよい。

エ　マーケティング目標は，マーケティング活動を展開するにあたってのゴールであると同時に，実施過程での計画のチェック・アンド・バランスのための基準である。

オ　P.コトラーは，マーケティング・コントロールを年間計画コントロールと収益性コントロールの2つに大別した。

POINT!! 解説

ア：マーケティングは，販売部門の枠を越えて，最高経営ないしジェネラル・マネジメントの階層に位置する経営機能の一環として立てられるものである。したがって，リテールマーケティング戦略は企業目的を達成するための中核的な戦略である。

　　マーケティングについて特にポイントとなるのが，「マーケティングは経営機能の一環として立てられる」ということである。

イ：先に掲載した「リテールマーケティング戦略の体系図」に示されるように，「顧客志向，利益志向の確認」の後，「経営理念の確立」がなされる。経営理念といえば，抽象的な言葉が並べられ，一般にタテマエと考えられているが，ここでいう経営理念は企業経営にとって不可欠なものである。ハンドブックでは，これに関して，「経営理念は企業に進むべき方向を示唆し，それに向けて組織が一体となって突き進む活力をもたらす指針といえる。

その意味でも，小売業は，具体的な行動に結びつく指針を内包していなければならない」と記述している。

ウ：ここでいう市場機会とは，ビジネスチャンスと考えるとよい。新しいビジネスを探し，創出する場合，考慮することは企業外部の環境と企業内部の資源である。

　外部環境について，ハンドブックは，「外部環境は競争構造や流通構造，関連法規，景気，国際関係，行政，文化などの社会・経済的環境と，資源，自然などの生態的環境とに大別される」と述べている。いくらすばらしいアイデアでも，外部環境が悪くなると，それをビジネスとして実現できない。したがって，市場機会を検討する場合，外部環境の現状把握と予測が重要となる。

　しかし，それだけではない。企業内部の資源を考慮する必要がある。ハンドブックは，内部資源について，「内部資源とは，人的資源，土地，設備，施設などの物的資源，資金力，情報力，技術力，企業イメージ，企業風土，市場地位，流通網などである」と述べている。時代の流れに即応した新しいビジネスを考えても，それが自社の経営資源で実現できない場合，それは断念しなければならない。つまり，自社の経営資源で実現可能なもので，かつ自社の経営資源を有効活用できるものでなくてはならない。

　なお，企業内部の資源は無限に存在するのではなく，非常に限られている。したがって，企業が成長するためには，自社の強みが発揮できるような機会をとらえることが肝要となる。

エ：マーケティング目標は，マーケティング活動を展開していくうえでのゴールであるが，それだけではなく，実施過程において計画通りに遂行されているかをチェックし，かつ，全体のバランスを考えるうえでの基準ともなる。また，マーケティング目標は計画終了時における業績評価と差異分析の基準ともなる。

　したがって，マーケティング目標は実現可能なものでなくてはならないし，その一方，実施過程で人々を引っ張り，組織の活性化をはかる動機づけの要素を持つことも必要である。また，数字で示された定量的な目標を示すことが望ましいとされている。

オ：P. コトラーは，マーケティング・コントロールを下表のように4つのタイプに分けている。

表 マーケティング・コントロールの4つのタイプ

タイプ	内　容
①年間計画コントロール	年間を通じて各事業活動の現実の業績が計画どおりであるかをチェックし，必要なときには修正を行うものである。
②収益性コントロール	個々の商品，販売地域，顧客層，流通チャネル，オーダー・サイズ別などの収益性を定期的に分析評価するもので，これにはマーケティングおよびその他の費用が各マーケティング活動に配賦されることが前提となる。
③効率性コントロール	収益性分析によって，ある商品，販売地域，あるいは各市場において利益動向が思わしくないことが示されたとき，販売員活動，広告，販売促進，流通などをより効率的に管理する方法はないかということが問題となり，効率性コントロールが行われる。
④戦略コントロール	環境と機会に全体としてうまく適応しているか否かをシステマティックに検討し，評価しようとするもので，有効性再評価とマーケティング監査からなっている。

出所：『販売士ハンドブック（発展編）』

試験情報

　第85回販売士検定試験において，上記のマーケティング・コントロールに関するものが記述式問題として出題された。よって，ネット試験においても上記のマーケティング・コントロールに関する問題が出題されると考えられる。

第1章
第2章
第3章
第4章
第5章
模擬テスト

正解　□ア2　□イ1　□ウ2　□エ1　□オ2

□ 次の文中の〔　〕の部分に，下記の語群のうち最も適当なものを選びなさい。

標的市場の設定は，もう１つのマーケティングの基本理念である〔ア〕という点からも有用である。標的市場が決まっていないと，〔イ〕活動のための〔ウ〕を明確な目的もなく費やすことになる。しかし，標的市場がはっきりしていれば，それに向けて〔イ〕費を集中的に投入すればよく，効果的，かつ，効率的に販売努力することができる。無駄な〔ウ〕を抑えれば，〔エ〕のアップにつながる。

この標的市場の設定は，戦略的には〔オ〕と呼ばれる。

〈語　群〉
①差別化　　　　②コスト　　　　③利益
④顧客志向　　　⑤販売促進　　　⑥利益志向
⑦顧客満足　　　⑧負債　　　　　⑨販売・一般管理
⑩マーケットセグメンテーション

POINT!! 解説

P36で述べたように，小売業においては，顧客志向，利益志向という２つの理念の下にマーケティング戦略が計画，立案，実行されている。

標的市場の設定とは，「どのような顧客の，どのようなニーズやウォンツを対象とするかを決めること」であるが，これは顧客志向より導かれるものである。ただ，こうした標的市場の設定は，利益志向を必須条件とする小売業の経営にとって有用となる。つまり，顧客志向により標的市場を設定することは，結果として利益志向をもたらすことになる。

なお，標的市場の設定は，対象とする顧客を絞り込み，かつ，ターゲット顧客のニーズやウォンツを絞り込むことから，ターゲットとする市場は細分化されることになる。よって，標的市場の設定は，戦略的にはマーケットセグメンテーション（市場細分化）と呼ばれる。

正解 □ ア⑥ □ イ⑤ □ ウ② □ エ③ □ オ⑩

実力養成問題 リテールマーケティング戦略の概論(4)
標的市場の設定 (2)

□ 次のア～オは，市場細分化について述べたものである。正しいものには1を，誤っているものには2を記入しなさい。

ア　市場細分化の目的は，さまざまな基準で市場を細かく分けることにより，それぞれの市場ニーズやウォンツを明確化し，それぞれに適した商品開発やプロモーションなどを実施することにある。

イ　P.コトラーは，効果的な市場細分化を行うためには，標的市場は「測定可能性」「接近可能性」「実質性」「実行可能性」という4つの条件を備えていることが望ましいとしている。

ウ　市場細分化の前提条件の1つである「測定可能性」とは，セグメントされた市場の規模が企業として十分な利益の回収の見込める大きさを持っていることをいう。

エ　市場を細分化すればするほど，ターゲットの正確度は高まるものの，反面，各セグメントの人数は減少するため，「接近可能性」という点から，市場の細分化にどこかで歯止めをかける必要がある。

オ　市場細分化をはかる基準としてP.コトラーは，地理的変数，サイコグラフィック変数，行動変数，人口統計的変数などをあげている。

POINT!! 解説

ア：市場を細分化する基準にはさまざまなものがあり，下図では「所得」「年齢」「所得と年齢」によって市場を細分化している。

　(A)：所得階層によって市場を細分化したもので，この結果，所得階層は3つのセグメント(番号1～3)に分けられている。

　(B)：年齢層によって市場を細分化したもので，この結果，年齢層は2つのセグメント(記号aとb)に分けられている。

図　さまざまな市場細分化

(A)
所得グループ
1，2，3による
市場細分化

(B)
年齢グループa，bによる
市場細分化

(C)
所得グループと
年齢グループによる
市場細分化

出典：「マーケティング・エッセンシャルズ」（東海大学出版会）
出所：『販売士ハンドブック（発展編）』

(C)：所得別細分化と年齢別細分化をクロスしたもので，この結果，1a，
1b，2b，3a，3bの5つのセグメントに分けられている。この場合，
それぞれのセグメントの構成者は，1aが2人，1bが1人，2bが1
人，3aが1人，3bが1人となり，より多くの基準を使って細分化
されるのに伴い，正確度は高まることになる。しかし，セグメント
の数が増加するに伴い，各セグメントの人数は減少する。

イ：次ページの表1「市場細分化の前提条件」に示されているように，標的市
場は「測定可能性」「接近可能性」「実質性」「実行可能性」という4つの性格を
備えていることが望ましいとされている。たとえば，セグメントされた市
場の規模と購買力を容易に測定できない場合には，その市場をターゲット
にした「年間の売上高」が予測できないことになるので，販売計画，仕入計
画などあらゆる活動が前に進まないことになる。

ウ：表1の中で記述されているように，「測定可能性」とは，セグメントされ
た市場の規模と購買力を容易に測定することができること。また，「実質
性」とは，セグメントされた市場の規模が企業として十分な利益の回収を
見込める大きさを持っていることである。

エ：表1の中で記述されているように，「接近可能性」とは，セグメントされ
た市場の顧客に対して，メディアなどを通じて容易に接近したり，効果的
なチャネルを使って到達できたりすること。よって，「接近可能性」は誤り
で，正しくは「実質性」となる。

つまり，市場が細分化すれば，ターゲットの正確度は高まるものの，各
セグメントの人数は減少するため，市場規模は小さくなり，企業としては
十分な利益を確保できる可能性が小さくなる。すなわち，「実質性」という

表1　市場細分化の前提条件

条　件	内　容
測定可能性	セグメントされた市場の規模と購買力を容易に測定することができること。 購買者の特徴に関する情報が存在し，しかも入手できる可能性が高いこと。
接近可能性 （到達可能性）	選択したセグメントに対してマーケティング活動を集中できる可能性が高いこと。 セグメントされた市場の顧客に対して，メディアなどを通じて容易に接近したり，効果的なチャネルを使って到達できたりすること。
実質性 （維持可能性）	独自のマーケティング活動を特別に開発するだけの価値をセグメントが持っていること。 セグメントされた市場の規模が，企業として十分な利益の回収を見込める大きさを持っていること。
実行可能性	得られたセグメントを効果的に引きつけられる魅力的なプログラムが実行可能かどうかを判断すること。 セグメントされた市場で企業がマーケティング活動を行った結果として，市場ごとに独自のレスポンスが示されること。

出所：『販売士ハンドブック（発展編）』

条件に黄信号がともることになる。この結果，市場の細分化はその時点でストップとなり，市場の細分化に歯止めがかかる。

オ：次ページの表2「市場細分化のために利用される変数」を見てもらいたい。

　同表には，「変数」として，「地理的変数」「サイコグラフィック変数」「行動変数」「人口統計的変数」が挙げられている。

正　解　□ア1　□イ1　□ウ2　□エ2　□オ1

表2　市場細分化のために利用される変数

変　　数	例
〔地理的変数〕	
地域	西海岸，山岳部，西北中央部，西南中央部，東北中央部，東南中央部，東海岸南部，東海岸中央部，ニューイングランド
郡の規模	A，B，C，D
都市または標準大都市統計地域（SMSA）	人口5,000人未満，5,000～19,999人，20,000～49,999人，50,000～99,999人，100,000～249,999人，250,000～499,999人，500,000～999,999人，1,000,000～3,999,999人，4,000,000人以上
人口密度	都市，郊外，地方
気候	北部，南部
〔サイコグラフィック変数〕	
社会階層	下流の下，下流の上，中流の下，中流の上，上流の下，上流の上
ライフスタイル	平均的タイプ，流行先端者，芸術家タイプ
パーソナリティ	強圧的，社交的，権威主義的，野心的
〔行動変数〕	
購買状況	通常の状況，特別の状況
追求されるベネフィット	品質，サービス，経済性
使用者タイプ	非使用者,過去の使用者,潜在的使用者,初回使用者,定期的使用者
使用率	少量使用者，適量使用者，大量使用者
ロイヤリティ・タイプ	なし，中，強，絶対
購買準備性段階	未認知，認知，理解，関心，欲求，購買意図
製品に対する態度	情熱的，積極的，無関心，否定的，敵対的
〔人口統計的変数〕	
年齢	6歳未満，6～11歳，12～19歳，20～34歳，35～49歳，50～64歳，65歳以上
性別	男性，女性
世帯規模	1～2人，3～4人，5人以上
家族のライフスタイル	若年層・独身，若年層・既婚・子供なし，若年層・既婚・最年少の子供6歳未満，若年層・既婚・最年少の子供6歳またはそれ以上，年輩層・既婚・子供あり，年配層・既婚・18歳未満の子供なし，年配層・独身，その他
所得	2,500ドル未満，2,500～5,000ドル，5,000～7,500ドル，7,500～10,000ドル，10,000～15,000ドル，15,000～20,000ドル，20,000～30,000ドル，30,000～50,000ドル，50,000ドル以上
職業	専門職・技術職，管理者・役人・所有経営者,事務職員,販売員,職人・職長,作業員,農業従事者,定年退職者,学生,主婦,失業者
教育	中学卒業以下，高校中退，高校卒，大学中退，大学卒
宗教	カソリック，プロテスタント，ユダヤ教，その他
人種	白人，黒人，東洋人
国籍	アメリカ，イギリス，フランス，ドイツ，スカンジナビア，イタリア，ラテン・アメリカ，中近東，日本

出典：「マーケティング・エッセンシャルズ」（東海大学出版会）
出所：『販売士ハンドブック（発展編）』

第1章

第2章

第3章

第4章

第5章

模擬テスト

実力養成問題 リテールマーケティング戦略の概論(5)
標的市場の設定 (3)

□ 次の文章は，マーケティングミックスに関するものである。文中の〔　〕の部分に，下記の語群のうち最も適当なものを選びなさい。

　　マーケティングミックスは，標的市場を構成する顧客のニーズやウォンツに最も効果的，かつ，効率的に適応していくためのマーケティング手段の組合せを意味する。したがって，個々のマーケティング手段をいかに策定するかが課題となる。しかし，より重要なのは，それらをミックスした〔ア〕効果の最大化をはかることである。

　　マーケティング手段の定説となっているのは，E.J.マッカーシーが提唱した〔イ〕である。彼は，中心に標的である顧客を置き，一番外側に〔ウ〕・制約要因を配置した。この〔ウ〕・制約要因は企業による〔エ〕はできないが，常にその動きに配慮していなければならない要素を示している。これに対し，顧客を直接囲む円内にあるものは企業が直接〔エ〕できる要因である。これがマーケティング手段であり，マーケティングミックスの〔オ〕である。

〈語　群〉
①コントロール　　②環境　　　　　③4C理論
④構成要素　　　　⑤内部資源　　　⑥シナジー
⑦乗数　　　　　　⑧4P理論　　　⑨計画
⑩戦略的要素

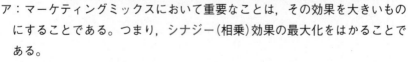

POINT!! 解説

ア：マーケティングミックスにおいて重要なことは，その効果を大きいものにすることである。つまり，シナジー(相乗)効果の最大化をはかることである。

イ：マーケティング手段の定説となっているのは，E.J.マッカーシーの4P理論である。4Pとは，マーケティングを構成する4つの要素であるProduct(製品)，Price(価格)，Promotion(販売促進)，Place(場所)のこと

であり，この4Pを適切に組み合わせ，標的市場に向けてアプローチし，相乗効果を引き出すことがマーケティングミックスである。

　　なお，マッカーシーの4P理論の骨子は，マーケティングミックスを遂行する際，環境・制約要因の動向にも十分配慮しなければならないというものである。

ウ～オ：ウには「環境」，エには「コントロール」，オには「構成要素」がそれぞれ入る。

　　下図を見てわかるように，マッカーシーの4P理論では，標的である「顧客」を中心に置き，一番外側に「環境・制約要因」を配置している。

図　マーケティングミックスの概念

出所：「ベーシック・マーケティング」（東京教学社）
出所：『販売士ハンドブック（発展編）』

試験情報

　　マーケティングミックスについては，第42回と第43回の販売士検定試験で出題された。今後も出題が予想されるので，しっかり準備しておこう。

正解　□ ア ⑥　□ イ ⑧　□ ウ ②　□ エ ①　□ オ ④

実力養成問題 リテールマーケティング戦略の概論(6)
環境分析手法としてのSWOT分析

□ 次の文章は，環境分析手法としてのSWOT分析に関して述べた
ものである。文中の〔　〕の部分に，下記の語群のうち最も適当
なものを選びなさい。

　小売業が環境適応するためには，自社を取り巻く内外の環境を
分析し，チャンスとリスクを見極める必要がある。この環境分析
の手法としてSWOT分析が利用される。

　企業には，自社の資源・能力(与件)と競争状況の関係から，
〔ア〕と〔イ〕を持ち，企業を取り巻く環境状況と競争状況との関係
から，〔ウ〕と〔エ〕がある。〔ア〕とは，競争企業に対して競争上の
優位をつくり，優れた企業成果の源泉となる経営資源をいう。
〔ウ〕とは，現行の戦略や企業成果にプラスの影響を有する環境要
因をいう。

　〔ア〕と〔ウ〕は企業の経営戦略にとってプラスに作用し，〔イ〕と
〔エ〕はマイナスに作用するものとみる。そこで，この4つを徹底
的に分析し，その中から仮説を設定する。さらに，これらを統合
する戦略的思考が行われて経営戦略が策定され，そのうえで〔オ〕
の探索と創出が行われる。

〈語　群〉
①好機　　②脅威　　③守り　　　④弱み
⑤機会　　⑥危機　　⑦市場細分化　⑧強み
⑨攻め　　⑩市場機会

POINT!! 解説

　「SWOT」とは，「強み(Strength)」「弱み(Weakness)」「機会(Opportunity)」「脅威(Threat)」の英語の頭文字をとったものである。

　ハンドブックでは，「強み」「弱み」「機会」「脅威」について，次のように定義している。

◆強み……競争企業に対して競争上の優位をつくり，優れた企業成果の源泉となる経営資源。

◆弱み……戦略を実行する際に「強み」の発揮を阻害したり，企業成果にマイナスの影響を与えたりする経営資源。

◆機会……現行の戦略や企業成果にプラスの影響を有する環境要因(魅力度と成功確率という次元で判断することができる)。

◆脅威……現行の戦略や企業成果にマイナスの影響を有する環境要因(深刻度と発生確率という次元で判断することができる)。

　なお，「強み」「弱み」「機会」「脅威」の4つを分析し，その中から仮説を設定し，さらにこれらを統合したところの経営戦略を策定し，これにもとづいて市場機会の探索と創出を行う手法を SWOT 分析という。

　SWOT 分析をマトリックスでまとめると，下表「SWOT 分析のマトリックス」となる。つまり，リテールマーケティングにおいて有効な戦略や計画を樹立するためには，下記の4項目を正しく把握することが重要になる。

表　SWOT 分析のマトリックス

	内部環境	外部環境
好影響	強　み (Strength)	機　会 (Opportunity)
悪影響	弱　み (Weakness)	脅　威 (Threat)

出所：『販売士ハンドブック（発展編）』

　また，SWOT 分析のプロセスは次図の通りである。

正　解　□ ア ⑧　□ イ ④　□ ウ ⑤　□ エ ②　□ オ ⑩

図　小売業のSWOT分析図

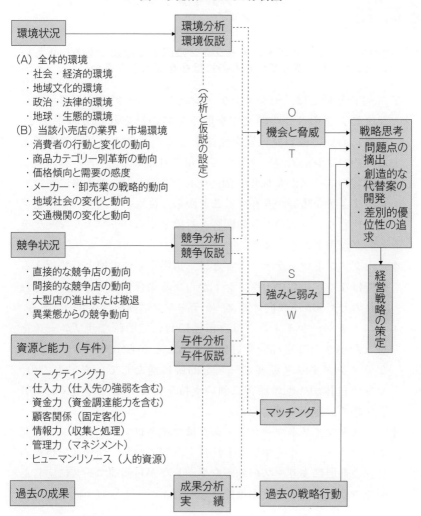

出典：『戦略的商品管理』同文館出版より作成
出所：『販売士ハンドブック（発展編）』

第1章
第2章
第3章
第4章
第5章
模擬テスト

リテールマーケティングの課題(STP)(1)
セグメンテーション

□ 次のア～オは，セグメンテーションに関する記述である。正しいものには1を，誤っているものには2を記入しなさい。

ア STP分析とは，セグメンテーション，ターゲティング，ポジショニングの3つの頭文字を取って名づけられた分析手法で，市場において独自優位性を発揮するマーケティング戦略を考えるためのフレームワークとして活用されている。

イ 顧客のニーズが多様化，個性化した今日，1つの市場においてもさまざまな嗜好が存在することから，従来のマスマーケティングに代わり，一人ひとりの顧客を対象とするパーソナルマーケティングが重要となってきた。

ウ セグメントマーケティングとは，市場を1つの塊として捉えるのではなく，複数のセグメントからなる集合体として捉え，それぞれのセグメントに向けてマーケティング活動を行うものである。

エ ニッチマーケティングは，市場において明確なサブニーズを有した小さな特定部分を対象とすることから，セグメントマーケティングよりも顧客ニーズを的確に満たしていないものの，ニッチ自体が一部の顧客に強い支持を得ているため，プレミアム価格の設定が可能となる。

オ カスタマイズドマーケティングはマイクロマーケティングの究極のタイプで，小売業界でも注目を浴びており，情報通信技術の急速な進展によりマスの効率を生かしながら個別ニーズに応じた販売やサービスの提供が可能となった。

POINT!! 解説

ア：STPとは，セグメンテーション（Segmentation），ターゲティング（Targeting），ポジショニング（Positioning）の3つの頭文字を取ったものである。

　ハンドブックは，STP分析に関連して，「今日の流通ビジネスにおいては，ある市場の全体をねらうことは希といえる。むしろ，市場をいくつかのセ

グメント（固まり）に分けて，自社（自店）が有利に戦えそうな特定部分を選び出し，そこでのターゲットに対して明確なブランドポジションを規定・確立することが必要とされる」と述べている。

イ：今日，顧客のニーズが多様化，個性化したことから，不特定多数を対象としたマス・マーケティングが機能しなくなっているため，それに代わり，顧客一人ひとりに個別対応するパーソナルマーケティングが重要視されることになった。

　　小売業が展開するパーソナルマーケティングには，セグメントマーケティング，ニッチマーケティング，カスタマイズドマーケティングの3つがある。

ウ：ここでのポイントは，「市場を1つの塊としてみなすのではなく，市場を複数のセグメントからなる集合体としてみなすこと」である。なお，市場を強引にセグメントするということではなく，「ある特定市場に着目したとき，同じようなニーズ，同じような購買力，同じような嗜好を有する，いくつかのセグメントに確かに区分できる」ということである。

エ：ニッチとは，市場において明確なサブニーズを有した小さな特定部分のことである。サブニーズについて，ハンドブックは「たとえば，有機栽培・特別栽培の農産物をはじめ，製法にこだわった調味料や安全・安心な菓子類などを幅広く取りそろえるスーパーマーケットなどの台頭に代表される」と説明している。

　　つまり，ニッチマーケティングの場合，セグメントマーケティングよりも顧客ニーズをより的確に把握していることから，そのニーズの度合いはより強いものであるということ。したがって，プレミアム価格の設定も可能となる。

オ：ハンドブックは，カスタマイズドマーケティングについて，「マイクロマーケティングの究極のタイプであり，個の単位で顧客をねらったマーケティングといえる」と述べている。最近，「ビール1本を1時間以内に無料宅配するサービスを提供する酒類専門店などが躍進している」が，こうした事象はカスタマイズドマーケティングが社会から強く求められている典型例といえる。

正解 □ ア 1　□ イ 1　□ ウ 1　□ エ 2　□ オ 1

□ 次のア～オは，ターゲティングに関する記述である。正しいもの
には1を，誤っているものには2を記入しなさい。

ア ターゲティングとは，セグメンテーションにより細分化された
下位市場を評価して，標的市場を設定することをいう。

イ 標的市場に対するマーケティングには，無差別型，差別化型，
集中型，短期型の4つのマーケティングタイプがある。

ウ 無差別型マーケティングとは，市場セグメント間のニーズの共
通点に着目し，ほぼすべての顧客に支持されるような商品やサー
ビスを提供するもので，今日，幅広い支持を得ている。

エ 差別化型マーケティングとは，複数の市場セグメントを取り上
げ，それぞれの市場セグメントに対して異なる商品やサービスを
提供するものであるが，現時点において売上の増加は期待できな
い状況にある。

オ 集中型マーケティングとは，1つ，もしくは少数の市場セグメ
ントに着目して，その市場セグメントに経営資源を集中させるも
ので，市場は限定されるものの，効率のよいマーケティングが展
開できている。

POINT!! 》解説

ア：市場の細分化（セグメンテーション）の次に待っているのは，標的市場
の設定，すなわちターゲティングである。

イ：短期型は存在しない。無差別型，差別化型，集中型の3つだけ。

ウ：今日，ほぼすべての顧客に支持されるような商品やサービスは売れ行き
が悪いので，無差別型マーケティングは有効に機能していない。

エ：差別化型マーケティングは今日の市場において理にかなっており，売上
の増加は期待できる。ただ，効率面が課題となっている。

オ：集中型マーケティングの弱点は狙っている市場が衰退すると，一気に経
営難に陥ることである。

正 解 　□ ア 1 　□ イ 2 　□ ウ 2 　□ エ 2 　□ オ 1

実力養成問題　リテールマーケティングの課題（STP）(3)
ポジショニング

□ 次のア～オは，ポジショニングに関する記述である。正しいもの
には1を，誤っているものには2を記入しなさい。

ア　ターゲットとすべき市場セグメントを決定した後，次に見込み
　　客のマインド内における自社製品あるいは店舗イメージの位置を
　　どこに置くかを決定するのがポジショニングである。

イ　店舗のポジションは顧客側からみた場合，絶対的というよりも
　　相対的なものであるため，自店舗のポジショニングは顧客が競争
　　関係にある店舗と比較して，自店舗に抱く知覚や感覚によって規
　　定される。

ウ　アンダーポジショニングとは，顧客側からみて，自社のストア
　　ブランドのポジションがあまりにも狭く捉えられてしまうミスを
　　いう。

エ　オーバーポジショニングとは，顧客側からみて，自社の商品構
　　成や店舗イメージが特徴のない希薄なものにとどまってしまうミ
　　スをいう。

オ　混乱したポジショニングとは，顧客側からみて，自社のストア
　　ブランドのポジションが固定されず，理解困難な状態へと導いて
　　しまうミスをいう。

POINT!!　解説

ア：ハンドブックは，ポジショニングについて，「ターゲティングした市場
　　でどのような価値を発揮するかということであり，見込み客のマインド内
　　に商品やサービス，もしくは店舗をどのように位置づけたらよいか，とい
　　うマーケティング上の重要課題である」と述べている。

イ：ハンドブックは，これに関して，「こうした店舗のポジションとは，絶
　　対的なものというよりは相対的なものである。競争関係にある店舗を顧客
　　が比較することで抱く知覚や感覚によって規定される。したがって，ポジ
　　ショニングは商品やサービス，そして店舗に対して行われる方策というよ

りも, 顧客に対して働きかける方策として捉えるべきである」と述べている。

　　つまり, ポジショニングの目標は, 「顧客のマインドの内に, 自店の商品価値や立ち位置をしっかり築くこと」である。

ウ：「アンダーポジショニング」は誤りで, 「オーバーポジショニング」が正しい。オーバーポジショニングとは, たとえば, 自店では中価格帯の商品から高価格帯の商品を取りそろえているにもかかわらず, 大部分の顧客は"高価格帯の商品しか扱っていない"と思い込んでいることである。そうしたオーバーポジショニングが生じると, 販売店からすれば販売チャンスロスが引き起こされることになる。

エ：「オーバーポジショニング」は誤りで, 「アンダーポジショニング」が正しい。ハンドブックは, アンダーポジショニングについて, 「広告コミュニケーションの打ち出し量が不足していたり, 採用されたポジショニングの切り口が不適切であったりする場合, このミスが生じやすい」と述べている。つまり, アンダーポジショニングが発生する原因は「広告などのコミュニケーションによる不足」「切り口が不適切なこと」にある。その結果, 顧客に対するインパクトが不足し, 顧客が自店に対して無関心となってしまうということ。

オ：ハンドブックは, 混乱したポジショニングについて, 「たとえば, キャンペーンごとに異なるテーマが採用され, 一貫しているとは思えないイメージが訴求されるものである。こうしたキャンペーンなどが繰り返されると, 新鮮さによって顧客の目を引く一面もあるが, 大抵は混乱を引き起こし, ピントのぼけた状態へと陥ってしまう」と述べている。つまり, 混乱したポジショニングが発生する原因は「企業の主張などが一貫性を欠いていること」であり, その結果, 顧客が混乱してしまうということ。

正解 □ ア 1 　 □ イ 1 　 □ ウ 2 　 □ エ 2 　 □ オ 1

記述式穴埋問題　　　キーワードは**これだ！**

> 次の各問の〔　　　〕の部分にあてはまる最も適当な語句・短文を記入しなさい。

① マーケティングの指導原理のうち，〔　ア　〕は，小売業の側が消費者に対して積極的に働きかけることにより，需要を新たに創るという考え方である。〔　イ　〕は，価格以外の手段で，消費者の購買意欲を呼び起こすとともに，競争相手との競争を有利に展開するという考え方である。

ア	イ

② P.コトラーは，市場と生活者を把握する場合，〔　ア　〕と呼ばれる質問をすることを提案している。具体的には，〔　イ　〕，〔　ウ　〕，〔　エ　〕，どんな方法で買うか，というものである。

ア	イ
ウ	エ

③ E.J.マッカーシーは，購買行動を起こさせる動機を〔　ア　〕と〔　イ　〕に分類した。前者には，食欲の充足などの感覚の満足，子供に対する愛情などの種族の保存，社交性，好奇心などがあり，後者には便利さ，操作性ないし便宜上の効率，使用上の汎用性などがある。

ア	イ

④ 生活者の購買行動のプロセスは次の7つのステップから成ると考えられる。

Step1　欲求の知覚
Step2　問題の認識
Step3　〔　ア　〕
Step4　〔　イ　〕

Step5　購買の決定

Step6　消費・使用

Step7　〔　ウ　〕

また，〔　ウ　〕がフィードバックされて，次回の購買行動に影響を与えることになる。

ア	イ
	ウ

⑤　生活者行動全般に影響をもたらす要因として，〔　ア　〕と〔　イ　〕の2つがある。〔　ア　〕は〔　イ　〕と比較して，ターゲットへの到達可能性が高いと考えられている。また，現実には，この双方の要因が作用して，生活者の購買行動を引き起こしていると考えられる。さらに近年，より総合的，かつダイナミックに生活者行動を捉えるために，〔　ウ　〕が注目されている。

ア	イ
	ウ

⑥　P. コトラーは，マーケティングコントロールを4つのタイプに分類した。これらのうち，〔　ア　〕とは，年間を通じて各事業活動の現実の業績が計画どおりであるかをチェックし，必要なときには修正を行うものである。〔　イ　〕とは，商品別，販売地域別，顧客層別などの収益性を定期的に分析評価することで，収益をあげている分野と損失を出している分野の検証を行うものである。

ア	イ

⑦　標的市場が設定されると，それに合わせた〔　ア　〕の構築がなされる。また，標的市場が明確化されれば，それに合わせて〔　イ　〕を集中的に投入すればよくなり，無駄なコストが抑えられ，利益のアップにつながる。なお，標的市場の設定は戦略的に〔　ウ　〕と呼ばれる。

ア	イ
	ウ

⑧ 市場細分化の前提条件にはいくつかあるが，これらのうち，セグメントされた市場の顧客に対して，メディアなどを通じて容易に接近したり，効果的に商品などを提供できるチャネルがあることを〔　　〕という。

⑨ E.J.〔　ア　〕の4P理論は〔　イ　〕の代表的なもので，企業が管理できる4Pを適切に組み合わせることで，Product, Price, Promotion, Place の4つのPの〔　ウ　〕の最大化をはかるというものである。ただし，その際，経済的環境などの〔　エ　〕要因の動きを十分に配慮する必要がある。

ア	イ
ウ	エ

⑩ B.〔　ア　〕は〔　イ　〕をもとに，小売業の立場から4Pの構成要素を次のように分類した。

・Product
品ぞろえの深さと幅，ファッション，品質など
・Place
店舗の〔　ウ　〕，流通センター，輸配送など
・Promotion
広告宣伝，人的販売，販売促進，店舗レイアウトなど
・Price
価格〔　エ　〕，価格のポイント，価格の魅力度など

ア	イ
ウ	エ

⑪　マーケティングミックスを実施する際の注意点として，次のものが挙げられる。

(1) 4Pの操作にあたって，標的市場の〔　ア　〕に応え，標的とする顧客の満足を実現することを，究極の目標とする。

(2) 4Pの操作によって，〔　イ　〕の達成を目指す。

(3) 4Pの企画と操作によって，競争企業のマーケティング手段とは異なる自社の〔　ウ　〕を確立することに努める。

(4) 〔　エ　〕達成との比率が最も高くなり，効率が最高となることを課題とする。

ア	イ
ウ	エ

⑫　SWOT分析の要素には，〔　ア　〕〔　イ　〕〔　ウ　〕〔　エ　〕の4つがある。〔　ア　〕とは，競争企業に対して競争上の優位をつくり，優れた企業成果の源泉となる経営資源のことである。〔　イ　〕は〔　ア　〕とは反対に，企業成果にマイナスの影響を及ぼす経営資源のことである。

　〔　ウ　〕とは，現行の戦略や企業成果にプラスの影響を有する環境要因のことである。〔　エ　〕は〔　ウ　〕とは反対に，これらにマイナスの影響を有する環境要因のことである。

ア	イ
ウ	エ

⑬　SWOT分析の目的は，自社を取り巻く内外の環境を分析することで〔　ア　〕と〔　イ　〕を見極め，これらを踏まえてリテールマーケティングに有効な戦略と計画を樹立することにある。

ア	イ

⑭ 小売業が展開するパーソナルマーケティングは,〔 ア 〕〔 イ 〕〔 ウ 〕の3つに分けられる。〔 ア 〕は,市場を1つの塊として捉えるのではなく,複数のセグメントからなる集合体として捉え,それぞれのセグメントに向けてマーケティング活動を行うものである。〔 イ 〕は,市場全体ではなく,市場の特定の小さな部分に焦点を当てたマーケティングを行うものである。〔 ウ 〕は〔 エ 〕の究極のタイプで,個の単位で顧客をねらったマーケティングを展開すること。

ア	イ
ウ	エ

⑮ 〔 ア 〕とは,セグメンテーションを行った後,どのセグメントを標的市場にするかを決めることをいう。〔 イ 〕とは,標的市場における,見込み客のマインド内において自社の商品やサービス,店舗をどの位置づけにするかを明確にすることをいう。

ア	イ

⑯ 標的市場におけるマーケティングには,〔 ア 〕〔 イ 〕〔 ウ 〕の3つのタイプがある。〔 ア 〕は市場セグメント間の違いを無視して,各セグメントに対して共通の商品やサービスを提供するものである。

これに対して,〔 イ 〕はそれぞれのセグメントに対して異なる商品やサービスを提供するものである。〔 ウ 〕は,1つ,もしくは少数のセグメントだけを対象にして,商品やサービスを提供するものである。

ア	イ
	ウ

⑰ 〔　　　〕とは,顧客側からみて,自社の商品は高価格帯のものだけしか扱っていないと感じられてしまうことをいう。

①アー需要創造の原理　　イー非価格競争の原理

　解説 ハンドブックは，需要創造の原理について，「需要創造の原理は，マーケティングの考え方を支える原理の中で中心的な存在である」と述べている。また，非価格競争の原理に関して，「商品の性能・機能・品質などにほとんど差がない場合には，価格競争に陥りやすい。それは，「利益なき繁栄」に進む危険性を持っている。それを避けるためにも，価格以外の手段によって優れた特徴を打ち出し，競争条件を有利にすることが重要である」と述べている。

②アー４つのＯ　イー誰が買うか　ウー何を買うか　エーなぜ買うか

　解説 かつての記述式の試験の場合，たとえば，「誰が買うか」について，具体的な説明を求められることになる。しかし，ネット試験の場合，そうした説明を求められることはないものの，記述する内容についてはまさに正確なものでなくてはならない。なぜなら，コンピュータによる採点だからである。

③アー情緒的動機　　イー合理的動機

　解説 さらに，ハンドブックは「購買行動の動機はこのように単一ではなく，いくつも複合した形を形成している。また，動機は個人に対してばかりでなく，ときには集団にも働き，集団行動になることもある」と述べている。

④アー情報の探索　　イー評価・行動　　ウー購入後の評価

　解説 本文で述べたように，「購買行動のプロセス」は第42回販売士検定試験において「択一式」の出題形式で出題された。そのとき，空欄が設けられたのは「情報の探索」と「購買後の評価」である。

⑤アー人口統計的要因（デモグラフィック要因）

　イー社会心理学的要因（サイコグラフィック要因）

　ウーライフスタイル分析

　解説 商品の選択やブランドに対する忠誠心の差異は，人口統計的要因や社会心理学的要因によってもたらされると考えられている。しかし近年，こうした視点のほかに，ライフスタイルによる分析が注目されている。

⑥アー年間計画コントロール　イー収益性コントロール

解説 年間計画コントロールでは，売上高分析，市場シェア分析，売上対費用比率，財務分析などが行われ，年間計画で設定した目標どおりに成果が出ているかを検証する。

⑦アーマーケティングミックス　イー販売促進費
ウーマーケットセグメンテーション

解説 ハンドブックは，マーケティングミックス(Marketing Mix)について，「マーケティング目標を達成するために，マーケティングの4大要素である商品，価格，立地，販売促進を組み合わせ，経営資源を配分して計画・実施すること」と述べている。また，マーケットセグメンテーション(Market Segmentation)について，「市場をマーケティング戦略上，同質と考えられる集団(セグメント)に分け，ターゲット顧客の市場にアプローチすること。市場の切り口として，地理的変数，心理的変数，行動変数といった軸がある」と述べている。

⑧接近可能性(到達可能性)

解説 市場細分化の前提条件には，このほかに「測定可能性」「実質性(維持可能性)」「実行可能性」があるので，その内容をよく把握しておこう。

⑨アーマッカーシー　イーマーケティングミックス
ウーシナジー効果　エー環境・制約要因

解説 シナジー効果とは相乗効果のこと。つまり，マーケティングの4大要素であるProduct, Price, Promotion, Placeを組み合わせた方がそれぞれを単独で行うより，はるかに大きな効果が生まれることをいう。
環境・制約要因には，経済的環境のほかに，現在の競争企業の状況，政治的・法律的環境，会社の資源と目的，文化的・社会的環境がある。

⑩アーローゼンブルーム　イー4P理論
ウー立地　エーライン

解説 「マッカーシー」はもちろんのこと，「ローゼンブルーム」などの人名についても，できるだけ覚えておいた方がよいと思われる。小売業にとっての4Pの構成要素については，自分なりに対策してもらいたい。

⑪アーニーズとウォンツ　　イーマーケティング目標とゴール

ウー独創的優位　　エー4Pの投入とゴール

[解説] (2)については, 標的とする顧客が満足しても, 小売業自体に利
益が出なければ現実の問題として失敗となる。(4)については, マー
ケティングは投入と産出の間に大きな不確実性が生じがちであるの
で, 不確実性の極小化をはかり, 目標の達成が可能になるよう工夫
するということである。

⑫アー強み　　イー弱み　　ウー機会　　エー脅威

[解説] ハンドブックは, SWOT 分析について, 「競争, 法律, 市場トレ
ンドなど自社を取り巻く外部環境と, 自社の資産, ブランド力, 品
質などの内部環境をプラス面とマイナス面に分けて分析し, 戦略策
定やマーケティングの意思決定などを行うためのフレームワークの
一つ」と述べている。

⑬アーチャンス　　イーリスク

[解説] 「強み」と「機会」は企業の経営戦略にプラスに作用し, 一方, 「弱み」
と「脅威」は経営戦略にマイナスに作用する。

⑭アーセグメントマーケティング　　イーニッチマーケティング

ウーカスタマイズドマーケティング　　エーマイクロマーケティング

[解説] セグメントマーケティング, ニッチマーケティング, カスタマイズ
ドマーケティングの3つはセットで覚えておくとよい。

　　マイクロマーケティングとは, 小売業で実施されるマーケティング
のタイプの通称のこと。

⑮アーターゲティング　　イーポジショニング

[解説] STP分析の「STP」は, セグメンテーション(Segmentation), ター
ゲティング(Targeting), ポジショニング(Positioning)の3つの頭
文字を取ったものである。つまり, セグメンテーション→ターゲティ
ング→ポジショニングと連結しているので, これらの3つをセットで
覚える必要がある。

⑯アー無差別型　　イー差別化型　　ウー集中型

[解説] 標準市場に対するマーケティングには, 無差別型マーケティング,
差別化型マーケティング, 集中型マーケティングの3タイプがある。
これらをセットで覚えておくとよい。

また，本文で記述したように，無差別型マーケティングは今日において有効に機能していない。これとは反対に，差別化型マーケティングは今日においては理にかなったものであることから，売上増加につながっている。集中型マーケティングは限られた市場でうまく展開している。

⑰オーバーポジショニング

解説 ポジショニングとは，絶対的なものではなく，相対的なものであるということを認識しておくことがポイント。

企業側からして，顧客のマインド内において，どういうポジショニングでいたいのか。あるいは，顧客からして，その店舗はどのようなポジショニングに位置していると感じているか。

オーバーポジショニングは，顧客からみて，そのストアブランドが高い位置にある，つまり高価格帯の商品であるというイメージを抱いていることをいう。

このほかに，アンダーポジショニング，混乱したポジショニングがある。アンダーポジショニングは，顧客からみて，そのストアブランドが魅力的に感じられないことをいう。

混乱したポジショニングとは，顧客からみて、そのストアブランドがどういう位置にあるのか，一貫したイメージを持てない状況のことをいう。

ライフスタイルの変化と
マーケティング戦略の展開方法

マーケットセグメンテーションへの ライフスタイルアプローチ (1)
マーケットセグメンテーション (1)

□ 次のア〜オは，マーケットセグメンテーション（市場細分化）に関する記述である。正しいものには1を，誤っているものには2を記入しなさい。

ア　マーケットセグメンテーションとは，市場をマーケティング戦略上，同質と考えられるセグメントに分け，ターゲット顧客の市場にアプローチするものである。

イ　マーケットセグメンテーションの背景には，市場全体を対象として，一様なマーケティング活動を展開することがより有効であるという考えがある。

ウ　ロナルド・フランクなどは，マーケットセグメンテーションの分類基準として，顧客特性と測定指標を用いた。

エ　ライフスタイルによるマーケットセグメンテーションが注目されてきた理由としては，人口統計的要因や社会心理学的要因の有用性に対して疑問が生じてきたことなどがある。

オ　小売業のマイクロマーケティング展開においては，生活者の欲求などをきめ細かく把握し，解明することが求められているが，マーケットセグメンテーションの重要性はむしろ低下しつつある。

POINT!! 　解説

ア：セグメントとは，市場を一定の基準で区切った集団のことである。市場をセグメントする際の基準としては，デモグラフィック要因(人口構造，世帯構成，年齢，性別，所得，職業など)，サイコグラフィック要因(消費者の購買心理，人情など)などがある。

イ：マーケットセグメンテーションの手法は，市場全体を1つとみなしてマーケティング活動を展開するものではなく，市場をセグメントし(同質と考えられる集団に分ける)，それぞれのセグメントの特性に応じて，セグメントごとに異なる方法でマーケティング活動を展開するものである。

ウ：セグメンテーションの基準には，さまざまなものがある。ロナルド・フランク，ウィリアム・マッシィ，ヨーラム・ウインドは下図にあるように，

図　マーケットセグメンテーション基準の分類枠組み

		顧　客　特　性	
		一般的	特定状況関連的
測定指標	客観的	（Ⅰ） 人口学的要因 （年齢，ライフサイクル・ステージ，性別，居住地域など） 社会経済的地位要因	（Ⅲ） 使用量・使用頻度 購入銘柄 購入店舗 購買状況要因
	推測的	（Ⅱ） パーソナリティ特性 ライフスタイル	（Ⅳ） 商品・ブランドに対する態度 知覚と選好

出典：「ライフスタイル発想法」（ダイヤモンド社）
出所：『販売士ハンドブック（発展編）』

「顧客特性」と「測定指標」を基準にセグメンテーションを行った。

　上図を見てわかるように，ロナルド・フランクらは「顧客特性」を「一般的」と「特定状況関連的」の2つに分け，また，「測定指標」を「客観的」と「推測的」の2つに分けた。これに関して，ハンドブックは次のように述べている。

　「左右の軸は，一般的（General）対特定状況関連的（Situation-Specific）の分類である。これは，特定の商品，ブランド，店舗と直接的に関連している基準（特定状況関連的）と，特定の商品，ブランド，店舗に関連なく，広範に適用できる基準（一般的）とを区別することにポイントを置いている。」

　「上下の軸は，客観的（Objective）対推測的（Inferred）の分類である。直接的に観察可能，あるいは測定可能な基準（客観的）と，心理学的特性など何らかの測定技法や尺度構成法を用いて，間接的に測定しなければならない基準（推測的）とを区別する。推測的基準の場合には，絶えず測定指標の妥当性，信頼性，内的一貫性などが吟味されなければならない。」

　つまり，上図のマーケットセグメンテーション基準の大きな特徴は，「特定状況関連的」と「一般的」とを区別したことにある。

　なお，第38回販売士検定試験において，上図の「マーケットセグメンテーション基準の分類枠組み」がそのまま出題された。その内容は，図中の「特定状況関連的」「推測的」「社会経済的地位要因」「パーソナリティ特性」「商品・ブランドに対する態度」の箇所を空欄にして，これら5つの空欄に該当するものを〈語群〉から選ぶというものであった。

第 41 回販売士検定試験においても，上図の「マーケットセグメンテーション基準の分類枠組み」に関する問題が択一問題（語句などに関係あるものを選ぶ）で出題された。たとえば，「特定状況関連的顧客特性と推測的測定指標を組み合わせた基準」に関係の深いものとして，〔語群〕の中から「商品・ブランドに対する態度」を選ぶというものである。また，「一般的顧客特性と客観的測定指標を組み合わせた基準」に関係の深いものとして，〔語群〕の中から「社会経済的地位要因」を選ぶというものである。

　また，第 81 回販売士検定試験では，上図の「マーケットセグメンテーション基準の分類枠組み」がそのまま出題され，図中の（Ⅰ）～（Ⅳ）を空欄にして，そこに該当するセグメンテーション基準を記述しなさい，という問題が出題された。

　現在はネット試験なので，そうした記述問題が出題されることはないが，上図の「マーケットセグメンテーション基準の分類枠組み」は何らかの形で出題される可能性が高いということである。

エ：かつては，人口統計的要因や社会心理学的要因がマーケットセグメンテーションの代表的基準であったが，今日では「それらは必ずしも有効でない」というのが一般的見解となっている。

オ：小売業のマイクロマーケティング展開においては，生活者の欲求などをきめ細かく把握し，解明することが強く求められている。そのため，これに伴い，マーケットセグメンテーション（市場細分化）の重要性はますます増している。別言すれば，生活者の欲求をきめ細かく把握するには，細分化しかないといえる。

正 解　□ ア 1　□ イ 2　□ ウ 1　□ エ 1　□ オ 2

実力養成問題 マーケットセグメンテーションへのライフスタイルアプローチ(2)
マーケットセグメンテーション (2)

第1章

第2章

第3章

第4章

第5章

模擬テスト

□ 次の文中の〔 〕の部分に，下記の語群のうち最も適当なものを選びなさい。

　　マーケットセグメンテーションの分類基準として，顧客特性と測定指標をとる。そして，顧客特性を「一般的」と「〔ア〕」とに分類し，測定指標を「客観的」と「〔イ〕」とに分類する。この結果，マーケットセグメンテーションの諸基準は，「一般的—客観的(Ⅰ)」「一般的—〔イ〕(Ⅱ)」「〔ア〕—客観的(Ⅲ)」「〔ア〕—〔イ〕(Ⅳ)」の4領域に分類される。

　　これらの諸基準の中でも，今日特に注目されているのが，領域(〔ウ〕)に位置づけられている〔エ〕である。〔エ〕概念は，もともと社会学者たちの間で，必ずしも明確な定義づけのないまま，〔オ〕，行動様式，思考様式などの社会的・文化的差異を表すために用いられてきた。

〈語　群〉

①Ⅱ　　　　　②Ⅳ　　　　　③生活様式
④主観的　　　⑤日常的　　　⑥ライフスタイル
⑦特定状況関連的　　　　　　⑧推測的
⑨パーソナリティ特性　　　　⑩生産様式

POINT!! 解説 》》》

　　顧客特性を「一般的」と「特定状況関連的」に分類し，測定指標を「客観的」と「推測的」に分類すると，マーケットセグメンテーションの諸基準は4つの領域に分類されるが，これらのうち，今日特に注目されているのが，「一般的—推測的(Ⅱ)」領域に位置づけられる「ライフスタイル」である。

　　なお，ライフスタイル概念は1960年代前半から，マーケティングおよび広告関係者の間で関心を集めるようになり，さらに1970年頃から多くの研究者が多様なアプローチによりライフスタイルセグメンテーション研究を推進してきた。

正解　□ ア⑦　□ イ⑧　□ ウ①　□ エ⑥　□ オ③

□ 次のア~オは，行動ライフスタイルアプローチに関する記述である。正しいものには1を，誤っているものには2を記入しなさい。

ア　ロナルド・フランク，ウィリアム・マッシィらによって展開されているライフスタイル研究は，行動ライフスタイルアプローチと呼ばれている。

イ　行動ライフスタイルアプローチの主なねらいは，消費者のライフスタイルを分析し，次にライフスタイルとの関連において，特定商品や特定ブランドの性格を明確化するというものである。

ウ　行動ライフスタイルアプローチにおけるデータ解析の手順は3つのステップから成り立っており，第3ステップでは特定商品または特定ブランドの使用者層ないし愛用者層がどのような行動ライフスタイル特性を持っているかが分析される。

エ　行動ライフスタイルアプローチについて特に評価すべき点として挙げられるのが，ライフスタイルアソートメントという視点と，ライフスタイルコンテクストという側面から特定商品または特定ブランドの性格づけを行っているという点である。

オ　行動ライフスタイルアプローチの特に評価すべき点の1つは，消費主体を単一商品の使用者ないし購買者として捉えるのではなく，複数の商品を相互に関連させ，組み合わせて，1つのライフスタイルを形成する主体として把握する点にある。

POINT!! 解説

ア：ライフスタイル研究を展開しているのは，レヴィス・アルパート，ロナルド・ガッティである。

ロナルド・フランク，ウィリアム・マッシィ，ヨーラム・ウインドはマーケットセグメンテーションの諸基準を整理したことで知られている。

イ：ハンドブックは，行動ライフスタイルアプローチの特色として次の2点を挙げている。

第1点……消費者のライフスタイルを，多数の商品やサービスの使用パターンとして把握していること。

つまり，その消費者がどのようなライフスタイルであるかは，その消費者が使用する商品やサービスにあらわれるということ。

第2点……商品の性格づけのためにライフスタイル分析を活用していること。

つまり，商品の性格をライフスタイルとの関係で説明しようとしていること。

ウ：データ分析の手順は2つのステップから成立している。ハンドブックは第1ステップについて，「数多くの商品に関するそれぞれのサンプルの使用量を因子分析にかけて，幾通りかの商品使用パターンを析出する。析出された商品使用パターンは，それぞれ行動ライフスタイルとして確認される」と述べている。

第2ステップでは，「特定商品または特定ブランドがクローズアップされ，その使用者層ないし愛用者層が，どのような行動ライフスタイルの特性を持っているか、という点が分析される」としている。

エとオ：行動ライフスタイルアプローチの特に評価すべき点は，「ライフスタイルアソートメント」と「ライフスタイルコンテクスト」という視点である。「ライフスタイルアソートメント」の視点については，オに記述された通りである。

「ライフスタイルコンテクスト」とは，特定商品または特定ブランドの性格づけを行う際，商品やブランドを単独で孤立させて取り上げるのではなく，ライフスタイルの中で他の商品といかなる結びつきがあるか，という視点で捉えることである。

正解 □ ア 2 □ イ 1 □ ウ 2 □ エ 1 □ オ 1

第1章

第2章

第3章

第4章

第5章

模擬テスト

実力養成 問題 ライフスタイルセグメンテーションの手順と分析（1）
ライフスタイルセグメンテーションの手順

□ 下図は，ライフスタイルセグメンテーションの標準的な手順を示したものである。〔 〕の部分にあてはまるものを下の語群から選びなさい。

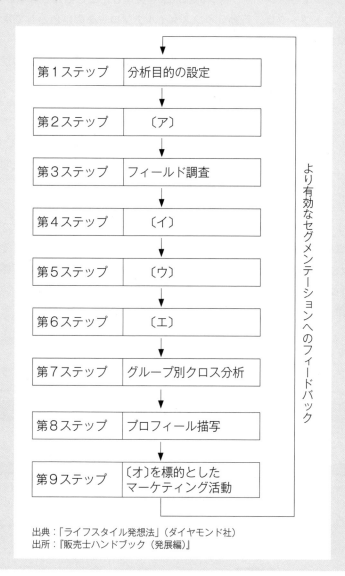

第1ステップ	分析目的の設定
第2ステップ	〔ア〕
第3ステップ	フィールド調査
第4ステップ	〔イ〕
第5ステップ	〔ウ〕
第6ステップ	〔エ〕
第7ステップ	グループ別クロス分析
第8ステップ	プロフィール描写
第9ステップ	〔オ〕を標的としたマーケティング活動

より有効なセグメンテーションへのフィードバック

出典：「ライフスタイル発想法」（ダイヤモンド社）
出所：『販売士ハンドブック（発展編）』

72

〈語 群〉
①サンプリング　　②データ収集　　③グルーピング
④商圏の設定　　　⑤因子分析　　　⑥特定セグメント
⑦次元の縮小　　　⑧クラスター分析
⑨調査設計　　　　⑩単純集計・クロス集計

第1章

第2章

第3章

第4章

第5章

模擬テスト

POINT!! 解説

　上問に類似した問題が第36回販売士検定試験で出題された。つまり，上図の「ライフスタイルセグメンテーションの手順」は重要なので，その手順のポイントをよく覚えておこう。

◆第1ステップ：分析目的の設定

　マーケティング活動のためのライフスタイルセグメンテーションを実施する場合，次の3点を確認する必要がある。

(1) どのような商品または商品群のマーケティング活動との関連でセグメンテーションを行うのか……対象となる商品は，スーツか，洗濯機か，カップラーメンか。

(2) その商品のマーケティング活動のどのような局面で利用するのか……商品計画か，それとも広告計画か。

(3) ライフスタイル要因によって，どのようなレベルの行動を説明するのか……商品購買の有無か，購買量・頻度か，機種選択か，銘柄選択か，店舗選択か。

　まずは，この点をしっかり押さえておくことが肝要である。

◆第2ステップ：調査設計

　これについて，ハンドブックでは，「分析目的にもとづいて，分析枠組みの設定，変数リストの作成，戦略変数の選定，質問紙の作成，標本の設計，サンプリング，データ収集と解析技法の選定など，一連の作業を行う」としている。また，「ライフスタイル変数リストを作成するため，生活に関する数多くの文献，雑誌，資料を収集し，ブレーンストーミングなどを活用する」としている。

◆第3ステップ：フィールド調査

　　質問紙を使って，抽出された対象からデータを収集する。

◆第4ステップ：単純集計・クロス集計

　　これについて，ハンドブックでは，「収集したデータをもとに単純集計とクロス集計を行い，サンプル全体の度数分布を明らかにするとともに，特定2変数間の関係を調べる」としている。

　　単純集計とはグランドトータルといわれるもので，回答数を単純に集計し，構成比などを算出するものである。クロス集計とは，2つの質問を掛け合わせることで，2つの項目の相関性などをみるものである。

◆第5ステップ：次元の縮小

　　これについて，ハンドブックでは，「ライフスタイル調査では数多くの変数を用いるので，収集したデータを直接，クラスター分析や因子分析にかける前に，次元の縮小を行っておくほうが便利な場合が多い。つまり，諸変数をいくつかの基本軸（合成変数）にまとめて，各基本軸に関するサンプル得点を，次のステップの分析のインプットデータとして用いる」としている。

　　次元の縮小とは，諸変数をいくつかの基本軸（合成変数）にまとめることで，これにより多数ある変数の数が減ることになる。

　　なお，ハンドブックでは「クラスター分析」と「因子分析」について，次のように記述している。

★クラスター分析（Cluster Analysis）

　　ある集団を何らかの基準でいくつかに分割し，類似度の高いもの同士にグルーピングするための統計手法のこと。小さいクラスター（群）から順に統合させていく階層的手法と，あらかじめクラスター数を指定する非階層的手法がある。

★因子分析（Factor Analysis）

　　多数の量的変数から少数の潜在的な因子を抽出する統計手法のこと。いくつかの変数の背後に共通の因子が潜んでいると想定し，各変数を少数個の共通因子と1つの独自因子に分解する。数種類の分析技法がある。

◆第6ステップ：グルーピング

　ここでいうグルーピングとは，「サンプル得点のデータをクラスター分析または因子分析にかけて，サンプル全体をいくつかのセグメントに分割する」ことをいう。

◆第7ステップ：グループ別クロス分析

　ここでは，グループ別分類と，①ライフスタイル変数，②人口統計的変数および社会心理学的変数，③商品の購買行動，使用行動変数とのクロス集計を行う。ハンドブックでは，具体的には次のように進めていくとしている。

a) 各グループのライフスタイル特性を把握する。

b) グループ別分類と人口統計的要因および社会心理学的要因との関連を調べる

c) 商品の購買や使用パターンのグループ間差異を明らかにする。

◆第8ステップ：プロフィール描写

　これについて，ハンドブックでは，「クロス分析によって明確化された各グループの平均値的または最頻値的な諸特性とグループ間差異にもとづき，各グループのプロフィールを要約，叙述し，グループの典型的なイメージを描き出し，その特徴を最も端的に表現するような名称を与える」としている。

◆第9ステップ：特定セグメントを標的としたマーケティング活動

　ここでは，「構成されたライフスタイルセグメントの中から特定セグメントを標的として設定し，そのセグメントの期待と欲求，価値観，生活習慣などに合致したマーケティングを展開する」。

　そして，この結果をもとに「より有効なセグメンテーションへのフィードバック」を行う。

先に述べたように，ここでの出題対象は「ライフスタイルセグメンテーションの手順」であるので，第1ステップ〜第9ステップ，そして，フィードバックをよく覚えておくことである。

第1章　第2章　第3章　第4章　第5章　模擬テスト

正解　□ア⑨　□イ⑩　□ウ⑦　□エ③　□オ⑥

ライフスタイルセグメンテーションの手順と分析（2）
クラスター分析

□ 次のア～オは，クラスター分析に関して述べたものである。正しいものには1を，誤っているものには2を記入しなさい。

ア　クラスター分析の手法を大別すると，「o分析」と「v分析」の2つがあるが，ライフスタイルセグメンテーションとの関連で問題になるのは「v分析」のほうである。

イ　クラスター分析の算法として「階層的分類法」があるが，これには，すべての個体が1個のクラスターに所属している状態から出発し，クラスターの分割を反復していく凝集法などがある。

ウ　非階層的分類法とは，あらかじめクラスター数を決めておいて，決められた数の塊にサンプルを分割する方法で，サンプル数が多いビッグデータを分析するのに適している。

エ　クラスター分析の欠点は，標準化された分類体系が確立していない場合，グループ分けをすることができないことである。

オ　多次元的複合的差異にもとづき分類しなければならない場合，クラスター分析は有効である。

POINT!! 解説

ア：クラスター分析とは，次のような考え方にもとづき考案された手法をいう。

「相互に近似性の高い「もの」同士は，できるだけ同一グループに，相互に近似性の低い「もの」同士は，できるだけ異なるグループに所属するように，n個の「もの」を，m個（m＜n）のグループに分割する。このグループを「クラスター」と呼ぶ。」（試験に出た！）

クラスター分析の手法を大別すると，「o分析」と「v分析」の2つに分けられる。前者はクラスター化される「もの」が対象（Objects）または個体（Individuals）の場合をいい（試験に出た！），後者はクラスター化される「もの」が変数（Variables）の場合をいう。なお，ライフスタイルセグメンテーションとの関連で問題になるのは「o分析」である。

イ：クラスター分析の算法は，次の2つに大別される。 試験に出た！

（1）階層的分類法（Hierarchical Classification）

（2）非階層的分類法

　　また，階層的分類法はさらに次の2つに分けられる。 試験に出た！

①分離法…すべての個体が1個のクラスターに所属している状態から出発
　し，クラスターの分割を反復していく手法（図1）。

②凝集法…すべてのクラスターが，それぞれ1個ずつの個体によって形成
　されている状態から出発し，クラスターの融合を繰り返していく手法
　（図2）。

図1　分離法

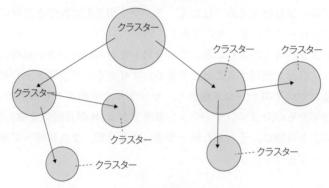

図2　凝集法

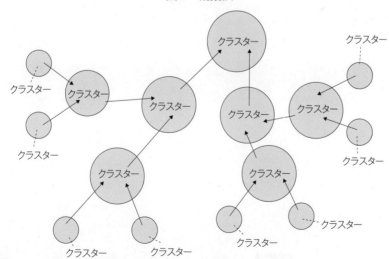

ウ：非階層的分類法は，あらかじめクラスター数が決まっていることから，ビッグデータのような複雑で，分類ができないデータ群の分析に適している。また，非階層的分類法はビッグデータの解析のほか，Twitter や Facebook などの SNS の文章を解析して消費者のトレンドを分析するテキストマイニングなどにも使用されている。

エとオ：ハンドブックでは，クラスター分析は次の2つの場合に特に有効であるとしている。

①標準化された分類体系が確立していない場合でも，クラスター分析を用いることによって，グループ分けをすることができる。なぜなら，クラスター分析では事前に分類体系を確立し，それにもとづいてサンプルをグループ分けするのではなく，サンプル相互間の類似と差異にもとづいてグループ分けするものである。

②多次元的複合的差異にもとづき分類しなければならない場合に，クラスター分析を利用することができる。なぜなら，クラスター分析では多変量についてのデータを解析し，サンプルを分割するものである。一方，従来からのセグメンテーション基準である「年齢」「所得水準」「学歴」などによる分類は，それぞれ単一基準による分類，または単一尺度上でのグループ分けである。

正解 □ア 2 □イ 2 □ウ 1 □エ 2 □オ 1

実力養成問題　ライフスタイルアソートメントの実務 (1)
ライフスタイルアソートメントの定義

□ 次の文中の〔　〕の部分に，下記の語群のうち最も適当なものを選びなさい。

　ライフスタイルアソートメントは，次のように定義できる。

　「顧客のさまざまな〔ア〕を想定し，それに必要な商品を選別して取りそろえる。そして，それらを購買促進上の〔イ〕設定によって組み合わせて，1つの売場にとりまとめて〔ウ〕するトータルな〔エ〕活動である。」

　このように，ライフスタイルアソートメントには，〔ア〕の企画，異なる品種からの必要品目の取りそろえ，それら品目の編集（組合せ），売場での〔ウ〕などのあらゆる活動が含まれる。つまり，ライフスタイルアソートメントとは，「対象となる顧客の〔オ〕の幅（暮らし方の種類）を広げる〔ウ〕諸活動」といえる。

〈語群〉
①価格　　　②需要創造　　　③テーマ
④統合　　　⑤生活シーン　　⑥提案
⑦ライフスタイル　　⑧カテゴリー
⑨コラボレーション　　⑩マーケット

POINT!! 解説

　上問の類似問題は第79回販売士検定試験において，択一式問題として出題された。「ライフスタイルアソートメント」に関する問題は今後も出題される可能性が高いと考えられる。ハンドブックは，ライフスタイルアソートメント（Lifestyle Assortment）について，「商品を品種（クラス）単位で取りそろえるのではなく，ライフスタイルのさまざまな場面（シーン）から取りそろえて，それらをテーマ設定して売場づくりや購買促進活動などに活かすこと」と述べている。

　空欄〔ウ〕には「提案」，〔オ〕には「ライフスタイル」が入る。よって，「ライフスタイルアソートメントとは，「対象となる顧客のライフスタイルの幅（暮ら

し方の種類)を広げる提案諸活動」といえる」となる。

これに関して、ハンドブックでは次のように具体的に説明している。

「たとえば、「初心者向けのスキー入門講座」といったテーマ設定により、ウエアからスキー用具一式を1つのコーナーで同時購買してもらう活動が該当する。スキーの板(用具)、スキーウエア(衣料品)、スキーブーツ(靴)、スノーゴーグル(眼鏡)、入門書(書籍)など、異なる品種の一部(価格帯や需要頻度など)を融合化することがライフスタイルアソートメントの典型例である。スキーを始めたいと思う顧客には、いくつもの店舗や売場を買い回り、初心者用のスキー用品をそろえる必要がない分、便利である。」

また、空欄〔ア〕には「生活シーン」、〔イ〕には「テーマ」、エには「需要創造」がそれぞれ入る。

ライフスタイルアソートメントにおいては、「生活シーン」「テーマ」「提案」がキーワードとなるので、よく覚えておこう。

正解 □ ア ⑤ □ イ ③ □ ウ ⑥ □ エ ② □ オ ⑦

第1章

第2章

第3章

第4章

第5章

模擬テスト

実力養成 問題

ライフスタイルアソートメントの実務 (2)
ライフスタイルアソートメントの実務 (1)

□ 次の文中の 〔 〕の部分に, 下記の語群のうち最も適当なものを選びなさい。

　小売業は一般に〔ア〕にもとづく部門別仕入体制をとっている。つまり, 化粧品, 日用雑貨, 加工食品, 衣類品といった〔ア〕別の商品カテゴリーごとに仕入担当者による有力ブランドの量販や, PB商品の開発などが行われ, こうした活動がマーチャンダイジング業務の中心となっている。

　しかし, 〔ア〕別の商品カテゴリーごとに仕入活動や販売活動を行うと, 専門的カテゴリーが欠落するという弊害が発生する。つまり, 〔ア〕別の商品カテゴリーを基軸とすると, 〔イ〕を基軸とした"〔ウ〕"カテゴリーが欠落し, 付加価値提供型の売場はつくれなくなる。

　今後, 小売業では常識となっている〔エ〕マーチャンダイジングを打破し, 高い付加価値を提供する〔オ〕マーチャンダイジングを志向することが望まれる。

〈語　群〉
①ゼネラル　　　②供給　　　③クロス
④生活体系　　　⑤需要　　　⑥インストア
⑦生産現場　　　⑧スペシフィック
⑨生活シーン　　⑩生産体系

POINT!!　解説

　上文の主旨は, 「従来のような生産体系別の商品カテゴリーごとに仕入活動や販売活動を行うと, 生活シーンを基軸とした需要カテゴリーが欠落することになる。よって今後, 小売業は従来のゼネラル(総合型)マーチャンダイジングを打破し, スペシフィック(専門型)マーチャンダイジングを志向する必要がある」というものである。

正　解　□ア⑩　□イ⑨　□ウ⑤　□エ①　□オ⑧

ライフスタイルアソートメントの実務(3)
ライフスタイルアソートメントの実務(2)

□ 次の文中の〔 〕の部分に，下記の語群のうち最も適当なものを選びなさい。

　　ライフスタイルアソートメント志向型小売業は，歯磨き粉という〔ア〕での売場づくりを否定している。顧客のライフスタイルを表す購買目的に応える売場づくりを優先する。そのため，歯磨き粉という〔ア〕を解体しなければならない。坪当たりの営業利益向上の鍵は，さまざまな種類の歯磨き粉をただ単に集合させて売場をつくることではない。歯を磨く〔イ〕に最適な歯磨き粉，歯ブラシ，マウスウォッシュ，コップ，タオルなどの〔ウ〕から消耗頻度，使用頻度が同じような〔エ〕を抜き出し，陳列数量とディスプレイに工夫を凝らして〔オ〕する。そのときに必要とされるスペースを割り出し，そのスペース構成に最適なディスプレイ方法を選ぶ。

〈語　群〉

①品目　　　②品目構成　　　③編集
④提案　　　⑤品種構成　　　⑥異品目
⑦品種　　　⑧シーン　　　　⑨セグメント
⑩異品種

POINT!! 解説

　　上文の主旨は，「ライフスタイルアソートメント志向型小売業は，顧客のライフスタイルを表す購買目的に応える売場づくりを優先するので，歯磨き粉という品種構成での売場づくりは行わない」ということ。

　　これに関して，ハンドブックは，「「オーラルケア」という名称の売場をつくっている小売業は少なくないが，その実態は「歯磨き粉」「歯ブラシ」という生産体系にもとづく品種単位の分類管理である。つまり，歯磨き粉という品種の中から売れた品目を中心に発注する伝統的商法に終始しており，まさに品目のディスカウント販売である」と述べている。

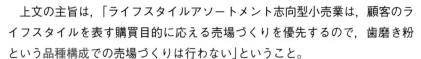

正解　□ ア⑤　□ イ⑧　□ ウ⑩　□ エ①　□ オ③

実力養成問題　ライフスタイルアソートメントの実務（4）
ライフスタイルアソートメントの実務（3）

□ 次の文中の〔　〕の部分に，下記の語群のうち最も適当なものを選びなさい。

　〔ア〕マネジメントを実践していない小売業では，歯ブラシという品種の中に，驚くほどたくさんの品目(SKU)を無造作に吊り下げている。これが歯ブラシという〔イ〕需要を拡大できない要因であり，顧客が購買を先延ばしする引き金にもなっている。また，マウスウォッシュのような低回転商品は，あえて〔ウ〕取り（〔イ〕化）する必要はない。従属的商品としてのポジショニングで訴求すればよい。マウスウォッシュは，〔ウ〕マネジメントという点では販売需要の要件を満たしていないからである。

　ライフスタイルアソートメントの実施においては，〔イ〕というよりも〔エ〕に対する〔オ〕として組み合わせる〔ア〕に位置づけるべきである。そうすることによって，〔ア〕全体の〔ウ〕生産性は高まる。

〈語群〉
①主品種　　②スペース　　③フロア
④潜在　　　⑤従属品目　　⑥ディスプレイ
⑦主品目　　⑧カテゴリー　⑨定番
⑩従属品種

POINT!!　解説

　ハンドブックが上文を通して主張していることは，「小売業が行っている雑多，かつ，過剰な在庫を抱える棚割を改善するには，スペースマネジメントをベースとしたライフスタイルアソートメントに取り組む必要がある。つまり，小売業は，スペース生産性の向上に焦点を合わせて，ライフスタイルアソートメントに取り組むことが重要である」ということ。

　なお，スペースマネジメントとは，「売場面積当たりの販売効率管理」のこと。

正解　□ア⑧　□イ⑨　□ウ②　□エ①　□オ⑩

ライフスタイルアソートメントの実務（5）
ライフスタイルアソートメントの実務（4）

□ 次の文中の〔　〕の部分に，下記の語群のうち最も適当なものを選びなさい。

　ライフスタイルアソートメント志向型小売業のカテゴリーマネジメントを実践するには，仕入担当者の作業レベルによる品目単位ではなく，一定の売場（スペース）を基軸とした生活シーンという"〔ア〕"をカテゴリーの単位とする。そして，そのシーンの対象となる主品種と主品目ならびに従属品種と従属品目を〔イ〕して，生活提案することが重要である。つまり，〔ウ〕にもとづくカテゴリーマネジメント展開の土台となるのは，独自の〔ア〕カテゴリーを〔エ〕することにほかならない。その〔エ〕と管理こそ，ライフスタイルアソートメントの基本であり，小売業が棲み分けるための〔オ〕戦略の武器となる。

〈語　群〉
①メインテーマ　　②融合　　③創造
④編集　　　　　　⑤需要　　⑥キャプテン
⑦アイデンティティ　　⑧ライフスタイル
⑨利便性　　　　　⑩場面

POINT!! 解説

　上文のポイントは，「〔ウ（ライフスタイル）〕にもとづくカテゴリーマネジメント展開の土台となるのは，独自の〔ア（需要）〕カテゴリーを〔エ（創造）〕することにほかならない」の箇所である。

　「需要カテゴリー」とは生活シーンカテゴリーのことであるので，どのような"生活シーン"を創造できるかが，その小売業が存続・発展するかの鍵となるということ。独自の需要（生活シーン）カテゴリーを創造すれば，それがアイデンティティ（個性化）戦略の武器となる。

正解　□ ア⑤　□ イ④　□ ウ⑧　□ エ③　□ オ⑦

実力養成問題　ライフスタイルアソートメントの実務（6）
ライフスタイルアソートメントの実務（5）

□ 次のア～オは，需要カテゴリーを基軸としたライフスタイルア
　ソートメントの展開フローに関して述べたものである。正しいも
　のには1を，誤っているものには2を記入しなさい。

ア　需要カテゴリーを基軸としたライフスタイルアソートメントの展
　　開フローの第1は「需要に合わせた市場標的の設定」であるが，こ
　　こでの市場標的はただ単に対象とする人物が"誰か"ということで
　　ある。
イ　ライフスタイルアソートメントの展開フローの第2は「生活シー
　　ンにもとづくテーマの設定」であるが，その際，小売業が留意す
　　ることは，従来の生産体系にもとづく品種構成の解体と，売場に
　　注目を集め，興味を抱かせるような印象的なPOP広告を大々的
　　に掲示することである。
ウ　ライフスタイルアソートメントの展開フローの第3は「生活提案
　　のための主品種と主品目の選定」であるが，その際の主品種はあ
　　る生活シーンのテーマを主張する絶対的商品でなくてはならない。
エ　ライフスタイルアソートメントの展開フローの第4は「従属品種
　　と従属品目の選定」，第5は「類似品目のカットと露出度の最大
　　化」，第6は「価格帯の平均化」である。
オ　ライフスタイルアソートメントの展開フローの第7は「コラボ
　　レーションによる需要創造」であるが，こうした需要（生活シーン）
　　カテゴリーの創造は有力なサプライヤーとのコラボレーション
　　（協働）によって実現することが望ましい。

POINT!! 解説

　「需要カテゴリーを基軸としたライフスタイルアソートメントの展開フロー」は下図のようになっている。本試験（記述式穴埋問題）においては，下図の①～⑧のうち，次のように空欄が設けられ，「指定された空欄に該当するものを記入する」という問題が出題される可能性は十分にある。

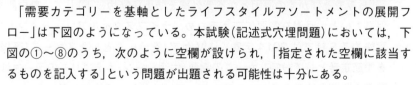

図　需要カテゴリーを基軸としたライフスタイルアソートメントの展開フロー

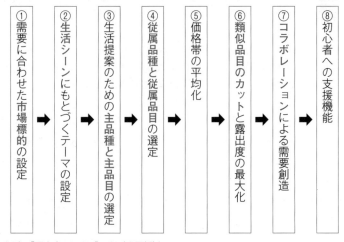

①需要に合わせた市場標的の設定 → ②生活シーンにもとづくテーマの設定 → ③生活提案のための主品種と主品目の選定 → ④従属品種と従属品目の選定 → ⑤価格帯の平均化 → ⑥類似品目のカットと露出度の最大化 → ⑦コラボレーションによる需要創造 → ⑧初心者への支援機能

出所：『販売士ハンドブック（発展編）』

①需要に合わせた〔　　〕の設定
②〔　　〕にもとづくテーマの設定
③生活提案のための〔　　〕の選定
④〔　　〕の選定
⑤価格帯の平均化
⑥〔　　〕と露出度の最大化
⑦〔　　〕による需要創造
⑧初心者への支援機能

ア：これに関して，ハンドブックは次のように述べている。
　　「ライフスタイルアソートメントにおける市場標的は，ただ単に「誰」という人物設定ではない。「誰の，どのような悩みや欲求」という潜在需要を含めた市場性に着眼する必要がある。」

イ：これに関して，ハンドブックは次のように述べている。
　　「しみやそばかすの原因となる紫外線を防止（UV カット）して，美白肌を保ちたいという潜在需要に応えるため，ライフスタイルアソートメントを実施する S 社では 2014 年春，「UV ケア」をテーマとしたスペース（売場）を季節定番として設定した。この需要（生活シーン）カテゴリーのテーマは，顧客の購買目的である UV ケア・ニーズにこだわって設定している。」

ウ：これに関して，ハンドブックは次のように述べている。

　「S社の企画したUVケア・カテゴリーの創造は，そのテーマに合致する重点品群としてスキンケアや医薬品を中心としている。それらに含まれるクリームやオイル，そしてビタミンC剤などの主品種と，その中での有力ブランドとなる主品目を厳選し，売場の基礎的商品構成を確立した。これらの主品種は，UVケアという生活シーンのテーマを主張する絶対的商品である。したがって，顧客の商品選択を容易にするための価値あるブランドを厳選して最適な(用途の)幅を打ち出すことにねらいを定めた。」

エ：図「需要カテゴリーを基軸としたライフスタイルアソートメントの展開フロー」を見てわかるように，ライフスタイルアソートメントの展開フローの第4は「従属品種と従属品目の選定」，第5は「価格帯の平均化」，第6は「類似品目のカットと露出度の最大化」である。

○「従属品種と従属品目の選定」に関して，ハンドブックでは次のように記述している。

　「主品種と主品目を挟み込み，惹きたてるようにディスプレイすることをねらいとして，従属的品種とその必要品目を漏れなく取りそろえる。こうした提案スペースを創り出すことがカテゴリーマネジメントを展開するうえで重要である。

　従属品種には，ビタミンC類(一般用医薬品)，サプリメント，UVカットの目薬，そして日焼け防止を目的とした園芸用の手袋まで多岐に用意されている。……生活シーンのテーマを強調するためにも，従属品種とそれらの品目を編集することは大変重要である。」

○「価格帯の平均化」に関して，ハンドブックは次のように記述している。

　「それぞれの品種構成の価格帯をUVケアという需要(生活シーン)カテゴリーに適合するよう，一定にそろえる。そのとき，主品種より従属品種の価格帯を低く定めるのが基本である。ただし，需要(生活シーン)カテゴリーでつくる売場の価格帯は，決してローワープライスである必要はない。ミドルポピュラープライス(中間的な普及価格)までは問題ない。」

○「類似品目のカットと露出度の最大化」に関して，ハンドブックは次のように記述している。

　「1用途(1品種)3品目を上限としてブランドを厳選し，ボリューム

感あふれる売場づくりのライフスタイルアソートメントに徹する。つまり，品種内の品目を絞って迫力感を演出することがポイントとなる。

　従属品種内の品目の絞り方は，使用頻度と消耗頻度が同じような“コモディティ”の品目構成に徹することである。これによって，価格帯はおのずと狭められ，同時購買（買いやすさ）の確率を高めることができる。従属品種の品目は，回転率が低下した時点で入れ替える役割を担うため，固定化してはならない。

　ライフスタイルアソートメント志向型小売業の展開するカテゴリーマネジメントは，あくまで，品目の量販ではなく，生活の提案を目指すことに意義がある。単なる品目のコーディネート（関連陳列）ではなく，生活シーンの種類を広げたカテゴリー（売場）展開，すなわち“用途ぞろえ”を目指すべきである。それが，顧客にとってわかりやすい売場をつくることになる。」

オ：“需要（生活シーン）カテゴリーの創造が有力なサプライヤーとのコラボレーション（協働）によって実現することが望ましい”理由について，ハンドブックは次のように述べている。

　「発注リードタイムの短縮化，欠品のない補充体制，低回転品目の改廃などの恒常的オペレーションが不可欠となるからである。当該カテゴリーにおいてリーダーとなるメーカーなどとの協働により，在庫数量，商品回転率，粗利益率，補充の頻度，そして発注リードタイムなどを明確に決めておく必要がある。」

　また，ライフスタイルアソートメントの展開フローの第8である「初心者への支援機能」について，ハンドブックは，「春先に隣人に誘われて初めて家庭園芸を楽しもうとする顧客にとっては，その売場の商品だけでほぼ完璧なUV対策ができる。あらゆる小売店を買い回る必要がない利便性を享受できるのである」と述べている。

正解　□ ア 2　□ イ 1　□ ウ 1　□ エ 2　□ オ 1

実力養成 問題　ライフスタイルアソートメントの実務（7）
ライフスタイルアソートメントの実務（6）

□ 次の文中の〔　〕の部分に，下記の語群のうち最も適当なものを
選びなさい。

　歯磨き粉と歯ブラシという関連した2品種を取り上げ，具体的な
〔ア〕の役割をみていくことにする。

　ライフスタイルアソートメントを実践する小売業は，定番ではな
く提案を売場づくりの原則としている。したがって，歯磨き粉と歯
ブラシを別々のゴンドラに陳列してはならない。"快適に歯を磨く
シーン"という需要（オーラルケアなどの生活シーン）カテゴリーの
設定によって，両者を1つの売場に統合・編集する。

　こうした作業を行うときに，〔イ〕の役割が問われる。〔ウ〕を編集
する際，虫歯予防，美白効果，口臭予防，歯周病対策などの用途（症
状）を主張した〔エ〕によって，〔ア〕の役割を明確にする。この作業
が〔イ〕の展開において重要となる。そして，それらの〔ア〕ごとにふ
さわしい歯ブラシ，歯間ブラシ，マウスウォッシュなどを厳選し，
効果的に組み合わせて用途を主張する。

　たとえば，歯周病対策という〔ア〕を明確にしたスペース（売場）で
は，そのターゲットに向けた歯周病予防効果の高い歯磨き粉ととも
に，その目的に合わせた歯科医の推奨歯ブラシやサプリメントなど
を組み合わせる。歯ブラシの硬さと価格帯の設定は，その後の作業
である。用途別の〔エ〕によって〔ア〕の役割を明確にさせることで，
歯ブラシの購買需要が刺激され，売上が増加する。これが〔イ〕のね
らいである。

　なお，スーパーマーケットなどでしばしば見かける「歯磨き粉と
キシリトール入りガム」の組合せは，異なる2品目を融合させた〔オ〕
であって，ライフスタイルアソートメントではない。

〈語　群〉
①グルーピング　②主品種　　　③シェルフマネジメント
④従属品種　　　⑤サブカテゴリー　⑥セグメント
⑦メインカテゴリー　　　　　⑧クロスマーチャンダイジング
⑨インストアマーチャンダイジング　⑩カテゴリーマネジメント

POINT!! 解説

上文は,「サブカテゴリーの役割」について述べたものである。

空欄〔ア〕には「サブカテゴリー」が入るが,ハンドブックは「サブカテゴリー」に関して次のように述べている。

「小売業の伝統的な商品（を基軸とした）カテゴリーの概念をみていくと,たとえば,「一般用医薬品」という部門の中には「胃腸薬」という品種がある。しかし,一口に胃腸薬といっても,顧客1人ひとりの症状によって次のようにさまざまな種類がある。

・きりきりと差し込むように痛む
・じりじりと胸焼けがする
・膨満感があって重苦しい
・なんとなくむかつく　など

また,食後の胃の痛みから夜中の痛み,そして飲みすぎたときの吐き気など,実にさまざまな症状がみられる。これらは,商品分類としての品種と品目の間に潜在する顧客のニーズやウォンツである。そのニーズやウォンツを顕在化する役割を担っているのがサブカテゴリーである。このサブカテゴリーが売場で明確に主張されていないと,ライフスタイルアソートメントは機能しない。」

空欄〔イ〕には「カテゴリーマネジメント」が入る。カテゴリーマネジメントは,商品をいくつかのカテゴリーに分類し,そのカテゴリーごとに売場を管理するものである。また,商品をいくつかのカテゴリーに分類する際,消費者のニーズにもとづいていくつかのグループにくくるという点が特徴である。

正解　□ ア⑤　□ イ⑩　□ ウ②　□ エ①　□ オ⑧

第1章

第2章

第3章

第4章

第5章

模擬テスト

記述式穴埋問題　　キーワードは**これだ！**

次の各問の〔　　〕の部分にあてはまる最も適当な語句・短文を記入しなさい。

① 〔　ア　〕(市場細分化)は3つの段階に分けて行われるが，その手順は次の通りである。

(1)小売業の目的に応じて，特定の〔　イ　〕を用いて，市場をいくつかのセグメントに区分する。

(2)各セグメントの〔　ウ　〕(セグメント特有の要求と期待の構造)を明らかにする。

(3)特定のセグメントを標的として選択し，そのセグメントの〔　ウ　〕に合致した〔　エ　〕活動を展開する。

ア	イ
ウ	エ

② ロナルド・フランク，ウィリアム・マッシィおよびヨーラム・ウインドは，下図のように，マーケットセグメンテーションの分類基準として，顧客特性と測定指標を使った。前者は「一般的」と「特定状況関連的」に分類し，後者は「客観的」と「推測的」に分類した。

上図の(ア)～(エ)の〔　　〕に該当するセグメンテーションを記入しなさい。

		顧客特性	
		一般的	特定状況関連的
測定指標	客観的	〔　(ア)　〕	〔　(ウ)　〕
	推測的	〔　(イ)　〕	〔　(エ)　〕

ア	イ
ウ	エ

③　ライフスタイルによるマーケットセグメンテーションが近年，クローズ
　アップされてきた理由として，次の3つが挙げられる。

　(1)マーケットセグメンテーションの代表的基準として使用されてきた人口
　　統計的要因と〔　ア　〕が必ずしも有効ではないという証拠が検証されて
　　いること。

　(2)心理学的分析のうち，とりわけ積極的に活用されていたのは〔　イ　〕の
　　要因であった。しかし近年，〔　イ　〕のレベルにおける個人差が，購買
　　行動の差異に直接的に反映するだろうという考え方は以前ほど支持され
　　なくなったこと。

　(3)人口統計的要因や〔　ア　〕によるセグメンテーションを検討してみると，
　　〔　ウ　〕からのマーケットセグメンテーションはもはや有効でないこと
　　が明らかになってきた。そのため，今日では，〔　エ　〕，それも人口統
　　計的要因を超えた新しい基準の組合せが求められている。

ア	イ
ウ	エ

④　行動ライフスタイルアプローチの特色として，次の点が挙げられる。

　(1)消費者のライフスタイルを，多数の〔　ア　〕の使用パターンとして把握し
　　ていること。そして，〔　ア　〕の使用パターンとして顕在化したライフス
　　タイルを〔　イ　〕と呼んでいる。

　(2)商品の性格づけのために〔　ウ　〕を活用していること。つまり，ライフス
　　タイルとの関連で特定商品や〔　エ　〕の性格を明確化している。

ア	イ
ウ	エ

⑤　行動ライフスタイルアプローチの評価すべき点は，〔　ア　〕と〔　イ　〕の
　2つである。〔　ア　〕によるアプローチは，消費主体を単一商品の使用者と
　して捉えるのではなく，複数の商品を相互に関連させ，組み合わせて，1つ
　の〔　ウ　〕を形成する主体として捉えることである。

一方，〔　イ　〕によるアプローチは，特定商品または特定ブランドの性格づけを行う際，商品やブランドを孤立させて取り上げるのではなく，〔　ウ　〕の中で他の商品などといかなる結びつきがあるかという視点で捉えるものである。

ア	イ
	ウ

⑥　ライフスタイルセグメンテーションの手順は9つのステップから構成される。〔　　〕に該当するものを記入しなさい。

Step1　分析目的の設定
Step2　調査設計
Step3　〔　ア　〕
Step4　〔　イ　〕
Step5　〔　ウ　〕
Step6　グルーピング
Step7　〔　エ　〕
Step8　プロフィール描写
Step9　特定セグメントを標的とした
　　　　マーケティング活動

より有効なセグメンテーションへのフィードバック

ア	イ
ウ	エ

93

⑦　ライフスタイルセグメンテーションの技法としては，〔　ア　〕と〔　イ　〕が有効である。〔　ア　〕は，ある集団を何らかの基準でいくつか分割し，類似度の高いもの同士を〔　ウ　〕するための統計手法である。一方，〔　イ　〕は，多数の量的変数から少数の潜在的な〔　エ　〕を抽出する統計手法である。

ア	イ

ウ	エ

⑧　ライフスタイルアソートメントを志向した場合，小売業で常識となっている〔　ア　〕マーチャンダイジングを打破し，〔　イ　〕マーチャンダイジングに移行することになる。

ア	イ

⑨　下図はライフスタイルアソートメント志向型小売業の需要カテゴリーを基軸としたライフスタイルアソートメントの展開フローである。〔　ア　〕～〔　エ　〕にあてはまるものを記入しなさい。

(1)需要に合わせた標的市場の設定
↓
(2)〔　ア　〕にもとづくテーマの設定
↓
(3)生活提案のための〔　イ　〕の選定
↓
(4)〔　ウ　〕の選定
↓
(5)価格帯の平均化
↓
(6)類似品目のカットと露出度の最大化
↓
(7)〔　エ　〕による需要創造
↓
(8)初心者への支援機能

ア		イ	

ウ		エ	

⑩ 〔 ア 〕とは，カテゴリーの1つ下にある階層で，カテゴリーを詳細に分類したものである。品種と品目の間には潜在する顧客のニーズとウォンツがあるが，これらを顕在化する役割を担っているのが〔 ア 〕である。よって，〔 ア 〕が売場で明確に主張されていない場合には，〔 イ 〕は機能しないことになる。

　なお，関連性の高い商品を並べてディスプレイすることで，客単価の引き上げを狙う手法である〔 ウ 〕と〔 イ 〕とは異なるものである。

ア		イ	

		ウ	

①アーマーケットセグメンテーション　　イー分類基準

ウー特性　　エーマイクロマーケティング

解説 ハンドブックは，マーケットセグメンテーションとの関連で，「市場全体を対象として，一様なマーケティング活動を展開するよりも，それぞれのセグメントの特性に応じて，セグメントごとに異なった方法でマーケティング活動を展開するほうが有効といえる」と述べている。

②アー人口学的要因，社会経済的地位要因

イーパーソナリティ特性，ライフスタイル

ウー使用量・使用頻度，購入銘柄，購入店舗，購買状況要因

エー商品・ブランドに対する態度，知覚と選好

解説 本問に類似した問題は第81回販売士検定試験で出題された。しかし，ネット試験においては，（ウ）についてすべて記入させることはないと考えられる。ただ，原則，1問につき空欄は1つなので，（ウ）や（エ）だけを記入させることも考えられる。

マーケットセグメンテーションの分類基準は出題の対象となりやすいので，（ア）〜（エ）をすべて覚えておいた方がベターかもしれない。

③アー社会心理学的要因　　イー気質・性格

ウー単一の分類基準　　　エー複数の基準の組合せ

解説 (1)人口統計的要因は広く利用されていたが，その有用性に対して疑問が生じてきたことから，人口統計的要因の説明力の低下を補うために，人口統計的要因と購買行動との間に，媒介変数としてライフスタイルが使用されるようになった。つまり，人口統計的要因がライフスタイルを制約し，ライフスタイルが購買行動に影響を及ぼすというものである。ところが最近，ライフスタイルの多様化や流動化の進行により，人口統計的要因とライフスタイルとの間に密接な関係がないことが明らかになってきた。

(2)社会心理学的要因は測定が困難なことから，人口統計的要因ほど広く利用されてはこなかった。そうした中，心理学的分析のうち，気質的・性格的要因は自動車市場において積極的に活用されていた。しかし近年，気質的・性格的要因が購買行動に直接的に影響しているとは以前ほど考えられないようになった。最近ではそれに代わり，

ライフスタイルから生じる生活設計や生活習慣といった要因が購買行動に深く関係しているのではと考える傾向が顕著となっている。

　　(3)ここでのポイントは「単一の分類基準」「単一の基準」「複数の基準の組合せ」という用語を覚えておくことである。つまり,最近のマーケットセグメンテーションは,「単一の分類基準」から「複数の基準の組合せ」に移行しているということ。

④アー商品やサービス　　　　イー行動ライフスタイル
　ウーライフスタイル分析　　エー特定ブランド

　[解説]「消費者のライフスタイルを,多数の商品やサービスの使用パターンとして把握している」と記述しているが,これは具体的には次のようなことである。

　　たとえば,ライフスタイルを「ライフスタイルA」「ライフスタイルB」「ライフスタイルC」の3つあるとする。そして,「ライフスタイルA」の場合,使用する商品とサービスは下のようなもので,「ライフスタイルB」「ライフスタイルC」も下のようなものであるということ。

ライフスタイルA

商品1, 商品2, 商品3
サービス1, サービス2
サービス3, サービス4

ライフスタイルB

商品1, 商品4, 商品5
サービス2, サービス3
サービス5, サービス8

ライフスタイルC

商品4, 商品6, 商品8
サービス3, サービス6
サービス7, サービス12

つまり,ライフスタイルの型の違いにより,使用する商品やサービスの組合せが異なるということ。

⑤ア－ライフスタイルアソートメント

　イ－ライフスタイルコンテクスト

　ウ－ライフスタイル

　　解説 ライフスタイルアソートメントとは生活提案型品ぞろえのこと
　　　で，標的顧客の生活シーンを企画し，それに合わせて商品をそろえ
　　　るものである。また，ライフスタイルコンテクストの「コンテクスト」
　　　は"事柄の背後関係，前後のつながり"という意味で使われる。つまり，
　　　ライフスタイルコンテクストとは，特定商品や特定ブランドの性格
　　　づけを他の商品との結びつけで検討するものである。

⑥ア－フィールド調査　　　イ－単純集計・クロス集計

　ウ－次元の縮小　　　　エ－グループ別クロス分析

　　解説 「ライフスタイルセグメンテーションの標準的な手順」は試験に出
　　　題されやすいテーマなので，この手順はしっかり覚えておくとよい。
　　　「フィードバック」も覚えておくこと。

⑦ア－クラスター分析　　　イ－因子分析

　ウ－グルーピング　　　　エ－因子

　　解説 クラスター分析には，階層的分類法と非階層的分類法がある。前
　　　者は小さいクラスターから順に統合させていくものであり，後者は
　　　あらかじめクラスターの数を決め，それにサンプルを分類するもの
　　　である。

⑧ア－ゼネラル(総合型)　　　イ－スペシフィック(専門型)

　　解説 ライフスタイルアソートメントを志向した場合，生活シーンを想
　　　定した需要カテゴリーにもとづいて仕入活動を行うことになる。し
　　　かし，現在の小売業は一般に生産体系にもとづく部門別仕入体制を
　　　とっていることから，ゼネラル(総合型)マーチャンダイジングとなっ
　　　ている。したがって，ライフスタイルアソートメントを志向した小
　　　売業においては，ゼネラルマーチャンダイジングを打破し，生活シー
　　　ンを基軸とした需要カテゴリーで品ぞろえするためには，スペシ
　　　フィック(専門型)マーチャンダイジングに移行することになる。

⑨ア－生活シーン　　　　　イ－主品種と主品目

　ウ－従属品種と従属品目　　エ－コラボレーション

　　解説 「ライフスタイルアソートメント志向型小売業の需要カテゴリー
　　　を基軸としたライフスタイルアソートメントの展開フロー」は問題6

の「ライフスタイルセグメンテーションの手順」などと同様，出題されやすいテーマであるので，その手順は丸覚えしておいた方がよい。特に，「主品種と主品目の選定」「従属品種と従属品目の選定」が重要となる。

⑩アーサブカテゴリー　　イーライフスタイルアソートメント
ウークロスマーチャンダイジング

解説 品種と品目の間にある潜在的な顧客のニーズやウォンツを顕在化する役割を担うのがサブカテゴリーである。消費者自身も気づいていないニーズやウォンツを顕在化させることは大変なことで，これを顕在化させるということは需要を創造したことになる。

　また，ハンドブックはクロスマーチャンダイジング(Cross Merchandising)について，「主に定番商品において同時購買される確率の高い商品を近くに陳列し，客単価を向上させる手法のこと」と述べている。

個客戦略の実際

□ 次の文章は，CRM に関して述べたものである。文中の〔 〕に あてはまるものを下の語群から選びなさい。

　　CRM（カスタマーリレーションシップ・マネジメント）とは， 顧客1人ひとりの情報の活用によって来店する顧客の〔ア〕と満足 度を高め，友好関係を築きながら長期間にわたって顧客との関係 を維持することであり，小売業にとっての〔イ〕を最大化する経営 戦略といえる。このように，CRM は〔ウ〕，かつ，戦略的な概念 であるため，顧客に自店に対する〔エ〕を形成することが求められ る。そのためには小売業の全社的な取組みが不可欠であり，通 常，〔オ〕のイニシアティブのもとに進めていくことが重要である。

〈語　群〉
①ロイヤルティ　　　②顧客使用価値　　　③短期的
④経営トップ　　　　⑤利便性　　　　　　⑥顧客生涯価値
⑦パートナーシップ　　⑧エンターテインメント
⑨ミドルマネジメント　　⑩中・長期的

POINT!! 解説

　　ハンドブックでは，CRM（Customer Relationship Management）について 次のように定義している。

　「顧客関係性マネジメントの略称。狭義には，小売業が情報技術を駆使し て顧客データベースをもとに，組織的に顧客をサポートしたり，顧客との関 係構築をはかったりすること。」

　なお，CRM が今日注目されている背景には，情報通信インフラの整備に より，パソコンやスマートフォンなどからのインターネット利用者が急増し たことがある。従来は，小売業と顧客とが接触するのは，店舗，販売員， DM，電話，FAX などであったため，そのチャンスは限られたものであった。 しかし，インターネット時代においては小売業と顧客との距離が著しく短い ものとなった。

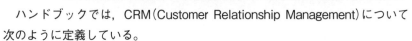

正解　□ ア ⑤　□ イ ⑥　□ ウ ⑩　□ エ ①　□ オ ④

実力養成問題　小売業における CRM の実践 (2)
CRMとは (2)

□ 次のア〜オは，CRM に関する記述である。正しいものには1を，誤っているものには2を記入しなさい。

ア　CRM が重視される理由の1つとして，新規に顧客を獲得することは，既存顧客の維持に比べてコストがはるかに高いことがある。

イ　CRM の実践において重要なことは，将来優良顧客になってくれそうな人を予測したうえで，ターゲットを絞ったアプローチを行うことである。

ウ　CRM は，今日，顧客の誰が，いつ，どのような理由で自店から離れたかを解明するための道具としても使用されている。

エ　CRM は顧客データベースに蓄積された基本属性や過去の購買実績に応じて顧客をセグメンテーションすることで，顧客と商品・情報の最適化を行う戦略概念である。

オ　CRM は，マーケティングの投資対効果を高めるためには，"誰に""いくら"投資するかを訴求するもので，それぞれの顧客に"何を""いつ""どのように"訴求していくかについては追求しない。

POINT!! 解説

ア：CRM の目的は，長期間にわたり顧客との関係を維持することで，小売業にとっての顧客生涯価値を最大化することにある。つまり，CRM を展開するうえで，顧客維持は不可欠といえる。ハンドブックでは，顧客維持の重要性について，次の4点を挙げている。

①新規に顧客を獲得することは，既存顧客の維持に比べてはるかに高コストであること。

②一度離れた顧客を再び取り戻すのには，離反しないように満足させることよりもはるかに高コストであること。

③新商品は新規顧客に販売するよりも，既存顧客に販売するほうがはるかに簡単で楽であること。

④すべての顧客が一様に利益をもたらすわけではなく，一部の顧客はほか

の顧客よりもはるかに収益性が高かったり，またその逆もあること。

試験情報

　　第40回販売士検定試験の記述式において，「カスタマーリレーション
　シップ・マネジメント(CRM)は，既存顧客の維持に重点を置いている。
　その理由を，コスト面から３項目挙げて記述しなさい」というテーマが
　出題された。
　　よって，ネット試験では，CRM（カスタマーリレーションシップ・マ
　ネジメント）が記述式穴埋問題で出題される可能性が高いといえる。

イ：ハンドブックでは，CRMのねらいとして次の３つを挙げている。
　①将来優良顧客となりそうな予備軍を発見して獲得する。
　②顧客１人当たりの売上高を向上させる。
　③顧客の離反を阻止する。
ウ：CRMは顧客関係性マネジメントの略称で，顧客との良好な関係の構築
　を目指すものである。したがって，CRMは，どの顧客が，どんな理由で，
　自店から離れたかに焦点を当てたものではない。
エ：顧客との良好な関係を構築するためには，顧客の基本属性や過去の購買
　実績をもとに顧客をセグメンテーションすることが重要となる。つまり，
　CRMにおいても，マーケットセグメンテーションはポイントとなる。
オ：CRMは，"誰に""いくら"投資するかという量的側面のほかに，それぞ
　れの顧客に"何を""いつ""どのように"訴求していくかという質的側面を追
　求するものである。

正　解　☐ ア 1　☐ イ 1　☐ ウ 2　☐ エ 1　☐ オ 2

実力養成問題　小売業における CRM の実践 (3)
CRM とは (3)

□ 次のア〜オは，デモグラフィック分析，RFM 分析，サイコグラフィック分析に関する記述である。正しいものには1を，誤っているものには2を記入しなさい。

ア　デモグラフィック分析の特徴は，年齢・性別などのデータから「顧客は何を欲しているか」という顧客の嗜好性がつかめることにある。

イ　RFM 分析は，顧客の実際の購買行動に基づいた直近購買日，購買頻度，累計購買金額の3変数を用いて，顧客をいくつかの層に分類し，各顧客層に対するマーケティング活動を行うための手法をいう。

ウ　サイコグラフィック分析は，ライフスタイル，消費スタイル，嗜好，趣味，購買行動，購買性向といった個人的な志向によって規定される心理学的特性を分析するものである。

エ　食品の場合，サイズ・重量・加工肉・鮮魚といった特性がデモグラフィック特性であるが，こうした特性をもとにつくった売場は「ついで買い」の需要は喚起しにくい。

オ　サイコグラフィックデータの収集方法には，アンケート方式，購買履歴からの推論方式，診断サービス方式，感性インデックス方式があるが，これらのうち，アンケート方式が最も現実的で，汎用性が高いとされている。

POINT!! 解説

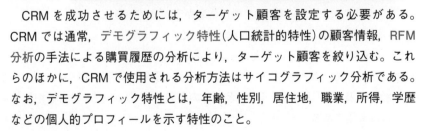

CRM を成功させるためには，ターゲット顧客を設定する必要がある。CRM では通常，デモグラフィック特性(人口統計的特性)の顧客情報，RFM 分析の手法による購買履歴の分析により，ターゲット顧客を絞り込む。これらのほかに，CRM で使用される分析方法はサイコグラフィック分析である。なお，デモグラフィック特性とは，年齢，性別，居住地，職業，所得，学歴などの個人的プロフィールを示す特性のこと。

ア：デモグラフィック分析から導かれるものは，「働く女性は○○を好む」「所得が高い男性は△△を欲している」などのステレオタイプの特性である。つまり，「その顧客が何を欲している」という顧客の嗜好性まではつかみにくい。

　また近年，消費や価値観の多様化が進展したことで，ステレオタイプが急速に変化したため，デモグラフィック分析の効果は減少することになった。

イ：ハンドブックでは，RFM分析について次のように記述している。

　「Recency（最新購買日）」「Frequency（購買頻度）」「Monetary（累計購買金額）」の３つの観点から顧客をランクづけする手法のこと。つまり，最後に購買した日からの継続時間である直近購買日（Recency），何回購買したかの購買頻度（Frequency），いくら支払ったかの購買金額（Monetary Value）という購買行動の３変数を用いて，顧客をいくつかの層に分類し，その分布状況から各顧客層に対するマーケティングを行うための手法。」

　ただ，RFM分析は自店に大きな利益をもたらす「得意客」の発見などには役に立つものの，その顧客がどのような人物像であるかについては分析できない。

　従来，デモグラフィック分析とRFM分析はともに，容易に顧客情報を取得でき，それなりに成果を上げることはできた。しかし，これまでに大きな成果を上げるには至っていないため，ハンドブックは，次のような状況が出現した場合には，顧客への理解の方法を再検討する必要があるとしている。

　　・RFM分析を導入したが成果が出ない。

　　・既存顧客の購買単価や購買頻度が上がらない。

　　・上位顧客の維持率が低下している。

　　・初回購買顧客の継続率が低下している。

　　・ダイレクトメール（DM）の反応率が下がっている。

　　・ある年齢になると顧客が離れていく。

　　・顧客をどのように捉えたらよいのかわからない。など

ウ：そのため，サイコグラフィック分析は，顧客の購買場面において大きな影響を及ぼす「その人らしさ」と，その要因である「Why（なぜ）」を把握するのに有用である。

　ただし，サイコグラフィック分析をCRMに取り入れているケースはほ

とんどない。その理由として，ハンドブックは「サイコグラフィック分析ではサンプリング調査で得た結果をもとに顧客を分類する場合が多く，そこで得られた特性を顧客1人ひとりに割り当てることが困難だからである」と述べている。また，サイコグラフィックデータは，デモグラフィックデータよりも収集しにくいという側面を持っている。

エ：顧客という「ヒト」にデモグラフィック特性とサイコグラフィック特性があるように，商品という「モノ」にも両方の特性がある。食品のサイコグラフィック特性として，用途やシーン，効能，感性価値（イメージ）があるが，これらは顧客のニーズに対応しやすい。つまり，サイコグラフィック特性で売場を表現すると商品の魅力が浮き彫りになり，推奨すべき顧客像がみえてくる。

オ：下表に示すように，サイコグラフィックデータの収集方法は4つある。また，これら4つのうち，「購買履歴からの推論方式」が最も現実的で，汎用性が高いとされている。

ただ，ハンドブックでは，これに加え，次のように記述している。

「ただし，購買履歴だけでは顧客のサイコグラフィック特性は把握できない。何を買ったかという情報からは「なぜ」買ったかという購買動機がわからないために，顧客の維持，拡大に結びつくような販売促進策，商品アイデアは思い浮かばない。さらに，自店の顧客から入手できる購買履歴は，消費活動のごく一部にすぎないことを認識しておかなければならない。」

表　サイコグラフィックデータの収集方法

アンケート方式	顧客全員にアンケート調査を実施する。
購買履歴からの推論方式	購買履歴とサンプリング調査を組み合わせて推論する。
診断サービス方式	対話型サービスのやり取りから取得する。
感性インデックス方式	商品にあらかじめ感性を表すインデックスを付与しておく。

出所：『販売士ハンドブック（発展編）』

正解　□ ア 2　□ イ 1　□ ウ 1　□ エ 1　□ オ 2

第1章

第2章

第3章

第4章

第5章

模擬テスト

小売業における CRM の実践(4)
CRM導入における留意点

□ 次のア〜オは，CRM 導入に関する記述である。正しいものには
1を，誤っているものには2を記入しなさい。

ア　CRM を導入する際に重要なことは，コスト削減と同時に収益
を増大しながら顧客との関係を強化するのではなく，顧客の自店
へのロイヤルティを高めることである。

イ　CRM は，企業にとっての顧客の生涯価値を最大化する経営戦
略であるが，導入にあたっては具体的な数値目標を立てないこと
である。

ウ　CRM 導入を成功させるためには，特定の顧客グループだけを
対象とするのではなく，自店を利用する顧客のすべてを対象にす
ることである。

エ　CRM 導入にあたっては，顧客の行動を自店が望むような方向
に変えられる販促活動だけに集中することである。

オ　CRM を成功させるためには，CRM は優良顧客を識別するこ
とが基本であり，自店への貢献度が異なる客を同様に扱うことは
不平等であることを認識することである。

POINT!! 解説

　ハンドブックでは，小売業が CRM 導入に失敗する理由として，次の3つ
を挙げている。

①顧客データベース構築や管理の目的が抽象的なレベルに設定されている。

②顧客生涯価値(LTV)を計算せずに CRM を導入する。

③CRM を導入しやすい業種，業態があることを認識していない。

ア：上の「失敗する理由」の①に関する記述である。①の「抽象的なレベル」と
は，「"ロイヤルティを高める"というレベル」で捉えることをいう。顧客の
自店へのロイヤルティを高めることは，きわめて重要なことである。しか
し，ロイヤルティを高めるため多くのコストがかかることから，売上高は
増加しても利益が増えないというケースが多々発生している。つまり，顧

客の自店へのロイヤルティが高くなっても利益が増加しないのでは，CRM
導入は失敗となる。CRM 導入に際して重要なことは，コスト削減と同時
に収益の増加をはかりながら，顧客との関係を強化することである。"ロ
イヤルティの向上"はあくまでも収益増加の手段であり，その結果である
ところの利益が増加しなければならない。

イ：「失敗する理由」の②に関する記述である。小売業において CRM は「企業
にとっての顧客生涯価値(LTV)を最大化する経営戦略」であるので，導入に
あたり，その顧客が一生の間にどれだけの収益をもたらしてくれるかを計
算するとともに，具体的な数値目標を立てなければならない。

　なお，「失敗する理由」の③についていえば，クレジットカード，保険，
スマートフォンなどの業界は，企業側も顧客側も長期の関係を前提として
いるので CRM を導入しやすいといえる。逆にいえば，CRM を導入しにく
い経営環境にある企業・業界に CRM を導入しても，失敗する可能性が大
きいといえる。

　下図は，小売業の顧客を継続性と利益率で分類したものである。CRM を
導入することにより，セグメント D の顧客を維持するとともに，セグメント
C の顧客を D にシフトする必要がある。ハンドブックでは，そのための方法，
つまり，CRM 導入を成功させるための具体的対応として，次の3つを挙げ
ている。
①特定の顧客グループだけに集中する
②特定の媒体やチャネルだけに集中する
③顧客の行動を自店が望むような方向に変えられる販促活動だけに集中する

図　利益率と継続性マトリクスによる顧客の分類

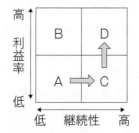

出所：『販売士ハンドブック（発展編）』

ウ：「CRM導入を成功させるための具体的対応」の①に関する記述である。CRMを実践する場合，自店のすべての顧客を対象にはできない。やはり，継続性も高く，客単価も高い顧客に絞り，特定の顧客グループだけを対象とするほかない。

なお，「CRM導入を成功させるための具体的対応」の②については，CRMを実施する場合，DM，新聞折込チラシ，テレビCM，インターネットなどさまざまな媒体に漫然と広告を打つと，効果は小さいものとなる。特定の媒体に販促コストを集中することがポイントである。たとえば，顧客からの質問や相談を受けることによって売上高が向上するような商品を販売している小売業の場合，フリーダイヤルの無料電話サービスを実施する。

エ：新規客に対しては再来店を促すサンキューレターを，数か月来店していない顧客に対しては来店を促すDMをインセンティブ付きで発送するなど，明確な販促活動を展開する。また，こうした販促活動に対する投資効果を計算し，利益が確実に出るようにする。

オ：CRMを成功させるための留意点の第1は，前図のセグメントAの顧客をできるだけ多くセグメントCに移動させることである。この他の留意点として，ハンドブックでは，次の6つを挙げている。

①全社的な意識徹底……パートタイマー，アルバイトなど，従業員全員にその方針を徹底する。

②業績評価との連動……購買金額や買上点数のほかに，来店頻度などを基準とした評価を加える。

③優良顧客への積極的優遇……1人ひとりの顧客を識別し，優良顧客を誰よりも優遇することを基本とすること。自店への貢献度が異なる顧客を同様に扱うことは不平等であると認識すること。

④わかりやすさ……ポイント体系はシンプルに，時折，期間を設定してポイントアップなどの特典を加える。

⑤柔軟性……最初の決定事項に効果がない場合，すぐに修正する柔軟性が必要である。

⑥本来の情報活用を忘れない……カードのポイント自体が目的ではなく，購買履歴などの顧客情報分析の実施が重要である。

正解 □ ア 2 □ イ 2 □ ウ 2 □ エ 1 □ オ 1

実力養成問題 主要なリテールマーケティングのタイプ(1)
データベースマーケティング (1)

第1章

第2章

第3章

第4章

第5章

模擬テスト

□ 次の文中の〔 〕の部分に，下記の語群のうち最も適当なものを選びなさい。

　　今日，小売業には，顧客と〔ア〕しながら顧客の望みや不満を積極的に聞き，二人三脚で販売を進めていく〔イ〕型マーケティング体制の確立が求められており，その代表例としてデータベースマーケティングがある。

　　データベースマーケティングでは，個々人によって異なるニーズやウォンツに対して，顧客と常に〔ア〕しながら，現在進行形の1人ひとりの発想や行動の状況をデータベースに取り入れる。具体的には，顧客の属性や〔ウ〕をデータベースとして蓄積し，管理することによって，そのデータベースの分析にもとづいて個々の顧客に合わせたマーケティングに活用していくことである。

　　データベースマーケティングにおいては，〔エ〕の発見，トライアル客のリピート購入の促進，リピーターの〔オ〕への育成などを行うことが目的とされる。

〈語　群〉
①資金力　　　　②小売業主導　　　③購買履歴
④対話　　　　　⑤購入客　　　　　⑥顧客重視
⑦見込み客　　　⑧ロイヤルカスタマー
⑨カスタマイズ　⑩擬似客

POINT!! 解説

　　ハンドブックでは，データベースマーケティング(Database Marketing)について，「IT，特にデータ処理技術の進展とともに発展してきたマーケティング手法である。データベース化した顧客情報を加工して何らかの有効な仮説を引き出し，それをもとに新しいマーケティング刺激を創造し，顧客にフィードバックしていく点に特徴がある。専門店業界を中心に取り組まれており，究極的には良質な顧客の囲い込みおよび拡大を目指す」と述べている。

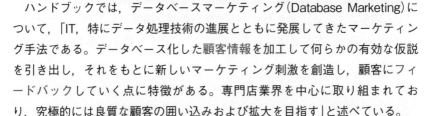

正解 □ ア④ □ イ⑥ □ ウ③ □ エ⑦ □ オ⑧

□ 次の文中の〔 〕の部分に，下記の語群のうち最も適当なものを
選びなさい。

　　一般に，顧客を〔ア〕，〔イ〕，〔ウ〕に分け，〔ウ〕をさらに超優良
客，優良客，〔エ〕に分ける方法がある。
　　〔ア〕とは，購入するかどうかまったくわからない人をいう。
〔イ〕は購入意欲を示した人のことで，そのうち最も有望な人を
〔オ〕と呼ぶ。
　　E.L.ナッシュは「企業にとって最も重要な資産は顧客である」と
述べたが，ここでナッシュのいう「顧客」とは，少なくとも「〔ウ〕」
のことである。そして，顧客はみな均等に重要なのではなく，差
をつけて評価すべきである。

〈語　群〉
①購入客　　　　②普通客　　　　③固定客
④キャピタル　　⑤使用客　　　　⑥特別客
⑦擬似客　　　　⑧リード　　　　⑨流動客
⑩見込み客

POINT!! 解説

　ハンドブックでは，購入客について，「１回だけ購入した人，数十回購入
した人，すでに固定客になっている人やなりかけている人，あるいはもう離
れようかと思っている人などが入り混じっている」と述べている。

　つまり，購入客の中にはいろいろなタイプがあるが，小売業にとって重要
な特別顧客といえるのは，数十回購入している人，固定客になりかけている
人，固定客である。すなわち，小売業の重要な顧客としてパートナーシップ
のもとに緊密な関係を維持していくのは，こうした顧客である。

正解　　□ ア⑦　　□ イ⑩　　□ ウ①　　□ エ②　　□ オ⑧

実力養成問題 主要なリテールマーケティングのタイプ(3)
データベースマーケティング (3)

□ 次の文中の〔 〕の部分に，下記の語群のうち最も適当なものを選びなさい。

　　〔ア〕を〔イ〕するために不可欠なのが顧客データベースである。換言すれば，顧客データベースは顧客〔イ〕機能を有することによって，効率的，かつ，効果的な〔ウ〕を可能にする。どんなデータでも蓄積しておくだけではまったく無意味であるので，活用しなければならない。顧客データベースは顧客1人ひとりの〔エ〕を明らかにするが，顧客を〔イ〕するためにそれを活用してこそ意味がある。

　　つまり，大切なのは〔オ〕よりもすでに自社の商品やサービスを購入した経験がある顧客であり，さらにその経験が豊富な顧客である。その意味で，大切にすべきは誰なのかを教えてくれるのは顧客データベースである。

〈語　群〉
①実態　　　　　　②需要創出　　　③見込み客
④識別　　　　　　⑤普通客　　　　⑥属性
⑦マーケティング　⑧優良顧客　　　⑨固定客
⑩顧客ロイヤルティ

POINT!! 解説

　上文のポイントは，冒頭と最後に書かれている。すなわち，「優良顧客を識別するために不可欠なのが顧客データベースである」「その意味で，大切にすべきは誰なのかを教えてくれるのは顧客データベースである」。

　ハンドブックはアメリカン航空の事例から，「顧客データベースの基本にあるのは顧客の差異化である。企業収益の65%が3.2%の搭乗客によってもたらされているとしたら，これらの乗客を大切にし，他の顧客は切り捨ててもよいという発想である」と述べている。

正　解　□ ア⑧　□ イ④　□ ウ⑦　□ エ①　□ オ③

主要なリテールマーケティングのタイプ(4)
データベースマーケティング (4)

□ 次の文中の〔 〕の部分に，下記の語群のうち最も適当なものを選びなさい。

　　POS システムが〔ア〕の手法だとすれば，顧客データベースは〔イ〕のための手法といえる。そして，〔ア〕は〔イ〕とドッキングすることによって，より大きな効果を発揮する。

　　小売業は，POS システムの導入によって〔ウ〕の動きをきめ細かく捉え，〔ウ〕管理，在庫統制，売場管理などに役立てている。しかし，〔ウ〕の動きは顧客の購買という消費行動があったからこそ生じたものである。その意味でも POS 情報は，〔エ〕である。

　　しかし，小売業にとってまず把握しなければならないのは，"〔オ〕情報"である。つまり，顧客がこのように動いたから，こうした〔ウ〕の動きがあったという因果関係のもとに〔オ〕と〔エ〕の両方の動きを捉えることによって，将来へ向けての戦略展開が可能になる。

〈語　群〉
①商品　　　②原因　　　③成果　　　④理由
⑤情報管理　⑥通貨　　　⑦結果　　　⑧個客管理
⑨売場管理　⑩単品管理

POINT!! 解説

　ハンドブックは，次のようにも述べている。

　「単品の動きからは，当然のことながら個客の顔や行動はみえてこない。単品管理が無意味だというのではなく，このような個客がこうした買い方をした結果，商品はこう動いたという情報を把握することのほうがより大切ということである。」

　したがって，「顧客データベースの確立によって商品の動きに先立つ顧客の動向についての情報整備が重要となる」と述べている。

正解　□ ア⑩　□ イ⑧　□ ウ①　□ エ⑦　□ オ②

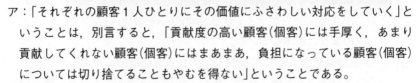

主要なリテールマーケティングのタイプ(5)
ロイヤルティマーケティング (1)

□ 次のア〜オについて，正しいものには1を，誤っているものには2を記入しなさい。

ア　小売業は，それぞれの顧客1人ひとりにその価値にふさわしい対応をしていく必要があるが，このことはワン・トゥ・ワン・マーケティングが導入される重要な理由でもある。

イ　B.P. ウルフは，「すべての顧客は平等ではない。最大の利益を上げるために顧客を識別し，差別化することをためらってはいけない」として，小売業についての個客識別マーケティングを提唱した。

ウ　ルーシー・ロイヤルは売上貢献度が上位2割に入る顧客のことであり，ラッセル・レギュラーは複数店を掛け持ち利用する顧客のことである。

エ　日本の大手スーパー業界の場合，依然，顔の見えない不特定多数の消費者に向けて，多種多様な商品を安価で大量に供給する時代が続いている。

オ　自店を贔屓にしてくれる顧客に特別のサービスをもって報いることが，来店頻度や購買金額をさらにアップさせるという考え方を戦略的に展開していくのがロイヤルティマーケティングである。

POINT!! 解説

ア：「それぞれの顧客1人ひとりにその価値にふさわしい対応をしていく」ということは，別言すると，「貢献度の高い顧客(個客)には手厚く，あまり貢献してくれない顧客(個客)にはまあまあ，負担になっている顧客(個客)については切り捨てることもやむを得ない」ということである。

　　つまり，もはや"顧客をすべて平等に扱っている"と減収減益に陥るため，小売業は顧客と「個対個」という関係を結ぶ時代になったということ。

イ：個客識別マーケティングの基本にあるのは，ワン・トゥ・ワンの発想である。小売業が顧客1人ひとりにその価値にふさわしい対応をしていこう

と考えたなら，必然的に顧客を識別し，その結果，差異化せざるを得なくなる。

ウ：B.P. ウルフは，下表のように顧客をいくつかに分類した。

表　顧客プロフィールによる比較

	顧客名	週平均購入額（ドル）	売上高総利益率(%)	来店期間（年）	累計粗利益総額（ドル）
1	ルーシー・ロイヤル	53	25	17＋	11,713
2	ラッセル・レギュラー	27	22	10	3,089
3	ステュアート・スプリット	8	18	4	300
4	シェリー・チェリー	3	16	2＋	50
5	キャロル・コンビニエンス	1	15	1.5	12

出典：「個客識別マーケティング」（ダイヤモンド社）
出所：『販売士ハンドブック（発展編）』
（注）売上高総利益率＝粗利益率

> ルーシー・ロイヤル…………売上貢献度が上位2割に入る顧客
> ラッセル・レギュラー…………常連顧客
> ステュアート・スプリット……複数店を掛け持ち利用する顧客
> シェリー・チェリー…………あちこちの小売店で特売品を買い回る（おいしい実だけを摘む）チェリーピッカー
> キャロル・コンビニエンス……偶然近くを通りかかり，自分の都合でたまたま来店した顧客

チェリーピッカー（Cherry Picker）について，ハンドブックは「百貨店などのバーゲンハンターと同じ意味を持つ用語であり，特売品を専門に購買する顧客のこと」と記述している。

エ：大手スーパーをはじめ，日本の小売業界もはっきりと顧客の顔を見て，顧客を識別することで個客化し，差別化をはかる時代に突入している。

オ：ロイヤルティマーケティング（loyalty marketing）について，ハンドブックは次のように記述している。

「来店顧客を1人ひとり識別し，それらを階層的に分類したうえで，異なるベネフィットを購入金額に応じて提供することによって，優良顧客をつくり出そうとする諸活動のこと。」

なお，ロイヤルティマーケティングの発想は個客識別マーケティングと同様，「すべての顧客は平等ではない」（試験に出た！），という点にある。

正解　□ ア1　■ イ1　□ ウ2　■ エ2　□ オ1

実力養成問題 主要なリテールマーケティングのタイプ(6)
ロイヤルティマーケティング (2)

第1章

第2章

第3章

第4章

第5章

模擬テスト

□ 次のア～オは，ロイヤルティマーケティングに関して述べたものである。正しいものには1を，誤っているものには2を記入しなさい。

ア　ロイヤルティマーケティングの実践にあたっては，顧客を区分し，ランキング化し，それぞれのランクに対応したアプローチを行うロイヤルティ・プログラムの構築が鍵となる。

イ　ロイヤルティマーケティングの特質は，最初から最優良顧客とワースト顧客に二極化して分けることにある。

ウ　ロイヤルティマーケティングのポイントは，利用顧客を戦略顧客へ，さらには重要顧客，上客へとアップさせていくためのアプローチの手法がすべて同じであることにある。

エ　ロイヤルティマーケティングでは，新規顧客を創造したり，競争他社・他店の顧客を奪うことにより，自社の競争上の立場を有利にしようという意図が強い。

オ　ロイヤルティマーケティングを実施する企業の場合，企業にとってワースト顧客が他店に去ることについて厭わない。

POINT!! 解説

ア：ロイヤルティマーケティングの基本は，「よい顧客はいっそう優遇し，そうでない顧客に対するアプローチとは差をつける」ことにある。また，ハンドブックではロイヤルティプログラム(Loyalty Program)について次のように記述している。

「小売業が顧客の反復購買またはその促進に対して，有形および無形の便益を供与する施策の総称のこと。FSPなどのように顧客の利用実績に応じてポイントが貯まり，一定に達したポイントで特典や擬似通貨に還元できる，などの販売促進策を指す。」

イ：ロイヤルティマーケティングの特質の1つは，「最初から最優良顧客とワースト顧客に分けるのではなく，その中間にいくつかのランクを設け，より上位にランキングされるよう顧客をプッシュする」ことにある。

図　顧客ピラミッドによる顧客体系

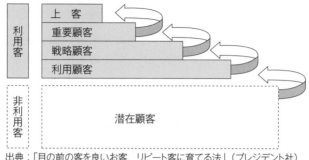

出典：「目の前の客を良いお客，リピート客に育てる法」（プレジデント社）
出所：『販売士ハンドブック（発展編）』

　　そのため，上図のような顧客ピラミッドによる顧客体系が形成されることになる。

ウ：上図を見てわかるように，顧客ピラミッドにおいて頂点の顧客が「上客」で，それから「重要顧客」「戦略顧客」「利用顧客」と下がることになる。

　　ロイヤルティマーケティングのポイントは，"利用顧客を戦略顧客へ""戦略顧客を重要顧客へ""重要顧客を上客へ"とアップさせるための手法がすべて異なることである。たとえば，潜在顧客を利用顧客にする方法と，一度購入した利用顧客をリピーター化するための手法は当然異なる。ピラミッドの頂点の「上客」に対しては，人間系のアプローチが必要になる。このように，ターゲットによってアプローチの方法を変える手法を「階層別アプローチ」と呼ぶ。

エ：ロイヤルティマーケティングの対象は自社・自店の既存顧客であり，ロイヤルティマーケティングはこれらの顧客との関係を長期にわたり，かつ良好にしていくことを目指すものである。そのため，ロイヤルティマーケティングの場合，新規顧客を創造したり，競争他社・他店の顧客を奪うことにより，自社の競争上の立場を有利にしようという意図は希薄となる。

オ：ハンドブックでは，ロイヤルティマーケティングの目標として次のものを挙げている。

　①最も重要な（かつ，最も利益を生み出す）顧客を離脱から引き留める。

　②その下のランクの顧客については，より上位の顧客に育ってもらう。

　③小企業にとってワースト顧客については，コストが発生しないように注意し，他店に去ってもらうことを厭わない。　(試験に出た！)

正解　□ ア 1　□ イ 2　□ ウ 2　□ エ 2　□ オ 1

実力養成 問題 ｜ コンビニエンスストアにみる革新的マーケティングシステム

□ 次の文中の〔　〕の部分に，下記の語群のうち最も適当なものを選びなさい。

　　酒のディスカウンターでは，一括大量仕入に伴う〔ア〕配送と箱形状（荷姿）のまま作業コストをかけずに販売する。そして搾り出したコスト削減分だけ，CVSよりも〔イ〕で販売することができる。

　　一方，CVSは革新的な生産による革新的な流通システムの構築を通じて，酒のディスカウンターとは異なる価値を個客に提供している。ここでいう革新的な生産・流通システムとは，CVSで提供する商品の企画開発，計画的〔ウ〕生産，物流コストを抑制する〔エ〕配送や混載納品システム，単品管理にもとづく〔オ〕の統合型品ぞろえなどの諸活動を指している。

〈語　群〉
①小ロット　　　　②短期間　　　　　③少頻度少量
④多頻度少量　　　⑤多頻度多量　　　⑥補充発注システム
⑦少頻度多量　　　⑧大ロット　　　　⑨低価格
⑩温度帯別物流システム

POINT!! 〉解説

　〔ア〕には「少頻度多量」，〔イ〕には「低価格」，〔エ〕には「多頻度少量」がそれぞれ入る。

　たとえば，"ビール"を例にとると，酒のディスカウンターでは，一括大量仕入による少頻度多量配送と箱形状のまま販売することで，大幅なコスト削減を実現し，それを低価格販売で消費者に還元している。

　一方，コンビニエンスストアの場合，ビールを業者に多頻度少量配送させるとともに，ビールを冷やし，それを1本単位で売っている。つまり，高いコストがかかっており，その分，酒のディスカウンターに比べ，高価格販売となる。にもかかわらず，コンビニでビールはよく売れる。それは，消費者がコンビニの利便性に喜んでお金を払っているからである。すなわち，弁当

図　CVS のマーケティングシステムの体系

売場を起点として個客ニーズへの対応（POS システムによる単品管理）

マーケティングシステム型店舗運営
（POS データにもとづく発注と売れ筋中心の多品種少量の品ぞろえ）

生産・流通システムの革新
（製販共同による商品開発，発注リードタイムの短縮化，多頻度少量計画的配送）

組織構造の統制（FC 方式による徹底指導）

出所：『販売士ハンドブック（発展編）』

をコンビニで買い，そのついでにビールを 1 本だけ買い，弁当を食べながら冷えたビールを飲めるという利便性である。

〔ウ〕には「小ロット」，〔オ〕には「補充発注システム」がそれぞれ入る。つまり，CVS は革新的な生産による革新的な流通システムの構築により成長したといえる。革新的な生産とは「計画的小ロット生産」であり，革新的な流通システムとは「多頻度少量配送」「混載納品システム」である。

CVS の商品開発，商品供給，店舗運営などを「CVS マーケティングシステム」という。なお，ハンドブックでは，CVS のマーケティングシステムは上図のような体系から成り立っているとしている。

正解　□ ア ⑦　□ イ ⑨　□ ウ ①　□ エ ④　□ オ ⑥

記述式穴埋問題　　キーワードは**これだ！**

> 次の各問の〔　　〕の部分にあてはまる最も適当な語句・短文などを記入しなさい。

① 〔　ア　〕とは，1人ひとりの顧客が長期間において，特定の小売業に対して，どの程度の〔　イ　〕をもたらしたかを産出したものである。これを数式で表すと，〔　ア　〕＝〔　ウ　〕×収益率×継続年数，となる。

ア	イ
	ウ

② CRMが注目されている背景には，次のことがある。従来，小売業と顧客とのコンタクトチャネルは，店舗，販売員，電話，FX，DMなどに限られていたが，近年の〔　ア　〕の整備によりパソコン，スマートフォンなどからの〔　イ　〕数が増えたことで，CRMは従来とは比較にならないほどの進展をみせている。

ア	イ

③ 〔　ア　〕分析とは，〔　イ　〕で用いられる解析技法の1つで，1回当たりの購買商品から，合わせて購買される確率の高い商品の組合せを予測するものである。

ア	イ

④ 〔　ア　〕とは，顧客の年齢，性別，居住地，職業，所得，学歴などの〔　イ　〕的特性を用いて生活者の購買活動を分析するものである。一方，〔　ウ　〕とは，ライフスタイル，消費スタイル，嗜好，趣味などの〔　エ　〕的特性を用いて生活者の購買活動を分析するものである。

ア	イ
ウ	エ

⑤ RFM 分析は「R」「F」「M」という 3 つの観点から顧客をランク付けする手法であるが, 「R」は〔 ア 〕の略で, その内容は〔 イ 〕であり, 「F」は〔 ウ 〕の略で, その内容は〔 エ 〕である。

ア	イ
ウ	エ

⑥ デモグラフィック分析のメリットは, 〔 ア 〕することが容易であることと, 〔 イ 〕な場合が多く, 測定が容易であること。一方, デメリットは, 〔 ウ 〕がつかみにくいことである。

ア	イ
	ウ

⑦ RFM 分析のメリットは, 自店に大きな利益をもたらす〔 ア 〕が容易であること。一方, デメリットは, 顧客が〔 イ 〕であるかを把握できないため, その顧客に対してどんな行動をとるべきかがわからないこと。

ア	イ

⑧ デモグラフィック分析や RFM 分析のような従来型の CRM は, これまで容易に顧客情報を取得できるメリットがあったことから, それなりの成果を上げることができた。しかし, 大きな成果を上げるには至っていない。そのため, 顧客理解の方法を見直すべきだとの意見が出ているが, どのような状況が現れたら, 従来型の CRM が限界にきていると判断すべきか。

・〔 ア 〕を導入したが成果が出ない。
・既存顧客の〔 イ 〕が上がらない。

・〔　ウ　〕の維持率が低下している。
・〔　エ　〕の継続率が低下している。

ア	イ

ウ	エ

⑨　サイコグラフィックデータの収集方法には4つある。これらのうち，〔　ア　〕は対話型サービスのやり取りから取得するものであり，〔　イ　〕は商品にあらかじめ感性を表すインデックスを付与しておくものである。

ア	イ

⑩　CRM導入に失敗する理由として，次の3つが挙げられる。
(1)顧客データベース構築や管理の目的が〔　ア　〕という抽象的なレベルに設定されていること。
(2)〔　イ　〕を計算せずにCRMを導入していること。
(3) CRMを導入しやすい〔　ウ　〕があることを認識していないこと。

ア	イ
	ウ

⑪　〔　　〕とは，顧客の属性や購買履歴をデータベースとして蓄積し，管理することによって，そのデータベースの分析にもとづいて個々の顧客に合わせたマーケティングに活用する手法のことである。

⑫　E.L.〔　ア　〕は"企業にとって最も重要な資産は顧客である"と述べていたが，これは一般的な意味での顧客ではなく，その小売業の商品を購入したことのある消費者を指している。
　一般に，顧客を〔　イ　〕，〔　ウ　〕，〔　エ　〕に分け，〔　エ　〕をさらに超優

良客, 優良客, 普通客に分ける方法がある。〔 イ 〕とは, 購入するかどうかまっ
たくわからない人のこと。〔 ウ 〕とは, 購入意欲を示した人のこと。〔 エ 〕
には, 1回だけ購入した人, 数十回購入した人などが入り混じっている。

ア	イ
ウ	エ

⑬ 〔 ア 〕とは, 来店顧客を1人ひとり識別し, それらをランキング化したうえ
で, それぞれにランクに対応した〔 イ 〕を提供するものである。ランクの高い
顧客は一層優遇し, ランクの低い顧客に対しては上位にランキングするように
プッシュする, という諸活動である。

ア	イ

⑭ 〔 ア 〕とは, 顧客が繰り返し購買することを促すために, 有形および無形の
便益を供与する諸施策のこと。具体的には, 小売業における FSP やポイント制,
航空業界における〔 イ 〕などがある。

ア	イ

⑮ ロイヤルティマーケティングのポイントは, 〔 ア 〕での階層別アプローチで
ある。このピラミッドの頂点の顧客を〔 イ 〕とし, その下の階層を〔 ウ 〕,
〔 エ 〕, 利用顧客に分け, それぞれのターゲットに対するアプローチ方法を変
える手法である。

ア	イ
ウ	エ

⑯ コンビニエンスストア(CVS)という店舗形態は, 「旧来の業種別縦割型流通シ
ステムから〔 ア 〕マーケティングチャネルシステムへ」と, 小売業主導で革新す
ることによって生み出された個客対応の〔 イ 〕型店舗と言い表すことができる。

ア	イ

⑰ 〔 ア 〕とは，品種数をできるだけ増やす一方で，同一品種内の品目数を売れ筋上位の〔 イ 〕品目に絞り，さらに1品目当たりの在庫数量を減らして，〔 ウ 〕の上昇をねらいとするものである。

ア	イ
	ウ

⑱ これまで多くの小売業が多品種少量在庫による店舗運営に取り組まなかった理由として，一般的に次のことがいえる。

品種の数を広げると顧客にとってのワンストップショッピングの利便性が広がる半面，〔 ア 〕の把握が難しくなり，荷受やディスプレイなどの作業コストが増加する。また，品目数を絞り込むことにより，品種当たりの品ぞろえの豊富さを提供できなくなるとともに，〔 イ 〕という事態を引き起こすことにもなりかねない。

ア	イ

⑲ 〔 ア 〕は売れ筋商品の欠品防止を主なねらいとするもので，CVSの売場在庫を常に適正な水準に保つ効果が大きいデリバリーシステムである。しかし，〔 ア 〕は物流コストの増加をもたらすため，この難題を克服するための方策として〔 イ 〕が構築された。

ア	イ

⑳ 革新的流通システムの実現により，CVSは顧客に「商品面でのベネフィット」「時間面でのベネフィット」などを提供することになった。

「商品面でのベネフィット」とは，1人用としての買い求めやすさを提供するにとどまらず，〔 ア 〕が24時間いつでも用意されていて，個客が求めるときにすぐに食べられるという便利さである。「時間面でのベネフィット」とは，入店してから目的の商品へたどり着くまでのアクセスのよさ，売場での商品を選ぶ時間の短さ，そして目的の商品に関連した商品を〔 イ 〕をいう。

ア	イ

①ア－顧客生涯価値(LTV)　　イ－利益

　ウ－年間購買額

　　解説　ハンドブックは，顧客生涯価値(Life Time Value)について，「商
　　品やサービスにおける利益の創出に，顧客が生涯を通じてどれくら
　　い貢献したかを算出する指標となる用語のこと。具体的には，1人
　　ひとりの顧客が長期にわたって特定の小売店に支払った購入金額か
　　ら，その顧客を獲得，維持するための費用を差し引いた「利益」の額
　　である。「顧客生涯価値＝年間購買額×収益率×継続年数」で計算す
　　る。顧客生涯価値の定義からすれば，顧客1人ひとりについて価値
　　を算出する必要があるが，実際に個々人の購入金額や顧客獲得，維
　　持費用をすべて計算するのは不可能に近いため，顧客全体をもとに
　　して求めるのが現実的である」と述べている。

②ア－情報通信インフラ　　イ－インターネット利用者

　　解説　ハンドブックは，CRMに関して，「CRMとは，顧客1人ひとり
　　の情報の活用によって来店する顧客の利便性と満足度を高め，友好
　　関係を築きながら長期間にわたって顧客との関係を維持することで
　　あり，小売業にとっての顧客生涯価値(LTV)を最大化する経営戦略
　　といえる」と述べている。

③ア－バスケット　　イ－データマイニング

　　解説　本試験では，「バスケット分析」まで記述を求められる確率が高い。
　　バスケット分析は，マーケットバスケット分析ともいわれる。デー
　　タマイニングとは，統計学などの技法を大量データに適用すること
　　で価値ある情報・知識を獲得する技術をいう。なお，ハンドブックは，
　　データマイニング(Data Mining)について，「クラウドなどに蓄積さ
　　れている膨大な量のデータから，小売業にとって有益となる事実や
　　関係性を発掘する技法のこと」と述べている。

④ア－デモグラフィック分析　　イ－人口統計

　ウ－サイコグラフィック分析　　エ－心理学

　　解説　マーケティングにおいては，1つに絞って顧客分析を行うのでは
　　なく，人口統計的特性，心理学的特性などのデータを使って顧客分
　　析を行う。

⑤アー Recency

イー最後に購買した日からの継続時間である直近購買日のこと。

ウー Frequency

エー何回購買したかの購買頻度のこと。

解説 Recency とは「最新購買日」のこと。Frequency とは「購買頻度」のこと。「M」とは「Monetary」の略で、「累計購買金額」のこと。その内容は「これまでいくら支払ったかの購買金額のこと」。

⑥アー顧客の特性を把握

イー2次データが(の)利用可能

ウー顧客の嗜好

解説 デメリットはこのほかに、「消費や価値観の多様化により、ステレオタイプが急速に変化したことで、その成果が減少していること」が挙げられる。

⑦アー得意客の発見　　イーどのような人物

解説 RFM分析のメリットはこのほかに、「顧客と自店との関係の変化を捉えることが容易であること」が挙げられる。

⑧アー RFM 分析　　イー購買単価や購買頻度

ウー上位顧客　　エー初回購買顧客

解説 これらのほかに出題の対象となると考えられるのが「ダイレクトメール(DM)の反応率が下がっている」である。

⑨アー診断サービス方式　　イー感性インデックス方式

解説 これらのほかに、「アンケート方式」「購買履歴からの推論方式」があるが、これらについては丸覚えしておこう。

⑩アーロイヤルティを高める　　イー顧客生涯価値

ウー業種、業態

解説 (3)については本文で述べたように、クレジットカード、保険、スマートフォンなどの業界においては、一度会員になれば他の企業に移る可能性が小さいので、CRM を導入しやすい業界といえる。

⑪データベースマーケティング

解説 データベースマーケティングでは、見込み客の発見、トライアル客のリピート購入の促進、リピーターのロイヤルカスタマーへの育成などを行うことを目標としている。

第1章

第2章

第3章

第4章

第5章

模擬テスト

⑫アーナッシュ　イー擬似客
　ウー見込み客　エー購入客
　解説ナッシュのいう“顧客”とは，購入客のことである。なお，ナッシュ
　の“企業にとって最も重要な資産は顧客である”という言葉は覚えて
　おいた方がよいかもしれない。特に“資産”という言葉を使っている
　ので，出題の対象となりやすい。

⑬アーロイヤルティマーケティング　イーベネフィット
　解説本文で紹介したように，ハンドブックでは，「ロイヤルティマー
　ケティングとは，来店顧客を1人ひとり識別し，それらを階層別に
　分類したうえで，異なるベネフィットを購入金額に応じて提供する
　ことによって，優良顧客をつくりだそうとする諸活動のことである」
　と述べている。つまり，ハンドブックでは，“ベネフィット”という
　用語を使っているので，これはチェックしておいた方がよいと思わ
　れる。

⑭アーロイヤルティマーケティング　イーFFP
　解説○FSP（Frequent Shoppers Program）……優良顧客を識別
　し，そのランクに応じて顧客を優遇したり，魅力ある特典を提供す
　ることで，より一層，顧客ロイヤルティを向上させようというもの。
　○FFP（Frequent Flyers Program）……航空会社が顧客にマイレー
　ジカードを発行し，顧客が利用したマイレージ（積算飛行距離）に応
　じてマイレージポイントを付与するというもの。

⑮アー顧客ピラミッド　イー上客
　ウー重要顧客　　　エー戦略顧客
　解説ロイヤルティマーケティングのポイントは別言すると，顧客がよ
　り上位のランクを目指すように仕向けるため，顧客に“差”をつけて，
　育成することである。なお，「上客」に対しては，人間系のアプロー
　チが必要とされている。

⑯アー製配販三層統合型　イー利便性提供
　解説「業種別縦割型流通システム」「製配販三層統合型マーケティング
　チャネルシステム」「利便性提供型店舗」の3つはセットで，丸覚えし
　ておいた方がよいと思われる。
　　また，顧客はCVSが提供する各種の便益サービスに価値を見い
　だしているが，この「各種の便益サービス」とは，便利な買物場所，

第1章

第2章

第3章

第4章

第5章

模擬テスト

便利な買物時間，便利な品ぞろえなど，流通革新によって生み出された ベネフィットをいう。

⑰ア－多品種少量在庫　　イ－3～5

ウ－商品回転率

解説　商品回転率＝$\dfrac{売上高}{平均在庫高（売価）}$

売上高が一定とすると，平均在庫高が減少すると，商品回転率は上昇する。よって，1品目当たりの在庫数量を減らすと，平均在庫高は減少するので，商品回転率は上昇する。

⑱ア－売れ筋商品　　イ－少ない在庫による品薄や欠品

解説 上記のほかに〔　　〕が設けられる可能性のある箇所は，「ワンストップショッピングの利便性」「荷受やディスプレイなどの作業コスト」「品種当たりの品ぞろえの豊富さ」である。

⑲ア－多頻度少量配送　　イ－共同配送システム

解説 上記のほかに〔　　〕が設けられる可能性のある箇所は，「売れ筋商品の欠品防止」「売場在庫」である。

⑳ア－調理済み食品　　イ－同時購買できる時間の短さ

解説 上記のほかに〔　　〕が設けられる可能性のある箇所は，「アクセスのよさ」「商品を選ぶ時間の短さ」である。

これらのベネフィットのほかに，「場所面でのベネフィット」「品ぞろえ面でのベネフィット」がある。「場所面でのベネフィット」とは，CVSの多店舗展開の結果，どこにいてもCVSが近くにあるため，顧客にベネフィットをもたらしていることをいう。「品ぞろえ面でのベネフィット」とは，顧客を飽きさせない品ぞろえを実現していることをいう。

出店戦略と商圏分析の実際

□　次のア～オは，店舗立地の条件に関する記述である。正しいもの
には1を，誤っているものには2を記入しなさい。

ア　小売業が立地を決定すると，通常，出店に要する相応の資本が
投下されるため，再び立地を変えることは容易ではない。

イ　小売業の立地条件は，商業立地と店舗立地に分けて捉える考え
方が一般的であり，後者の構成要素には近隣条件，地価，敷地の
物理的条件などがある。

ウ　店舗の立地条件は時間が経過してもほとんど変わらないことか
ら，マーケティング展開における立地戦略は店舗の新設のときに
限定される。

エ　ネルソンは立地の選定にあたり，守るべき原則として，「成長
可能性」「中間阻止性」「累積的吸引力」「両立性」など8つを挙げた。

オ　通行量依存型小売店とは，近隣の店舗によって吸引された顧客
がついでに購入していくタイプの小売店である。

POINT!! 解説

ア：立地を一度決定すると，そこにはかなりの資本が投下され，店舗を出店
するため，立地を変えることは容易ではない。したがって，店舗の立地選
定は極めて重要な問題である。また，小売業の経営成果は立地によってか
なり変動する。

イ：ハンドブックは，商業立地と店舗立地の構成要素として，それぞれ次の
ものを挙げている。

◆商業立地

　・都市の性格……産業構造とその変化などを含む

　・都市計画……土地利用計画，都市施設整備計画，市街地開発計画など

　・人口動態……人口増減，人口密度，自然増減，社会増減など

　・交通条件……交通機関，駅，停留所，道路

　・商圏と購買力……時間距離，購買頻度，1次・2次・3次商圏とその
　　　　　　　　　　消費購買力

・商店街(近隣型，地域型，広域型，超広域型)とショッピングセンター
・百貨店などの大型店
・地価……商業地公示価格，路線価格など
・生活様式，購買慣習……生活の質を尊重するライフスタイル，レジャーの傾向など
・競合関係……地域間競争と地域内競争
◆店舗立地
・近隣条件……隣接店，道路の状況，通行速度など
・敷地の物理的条件……敷地の形状，方位，角地
・法令規制……用途制限，建ぺい率，容積率，防火規定
つまり，店舗立地の場合，"点としての所在"を示すものであるといえる。
ウ：店舗の立地条件は絶えず変化するため，小売業の経営においては日常的に立地の評価をする必要がある。したがって，マーケティング展開における立地戦略は店舗の新設時に限定されるものではない。
エ：ネルソンの立地選定の原則は，次のように8つある。
(1)現在の商圏の潜在力の妥当性
　　ある立地を前提とし，自店の扱う商品に対する商圏内の消費支出の総額と，自店のそこで占める割合を検討する。
(2)商圏への接近可能性
　　商圏内の潜在力をどれだけ自店に吸収できるかは，人々が自店の近くを通り過ぎる可能性に依存する。
(3)成長可能性
　　人口の増加と所得水準の向上が期待できる商圏であるかどうか。
(4)中間阻止性
　　住居地あるいは勤務先と従業員の買物先の小売店または商店街との中間に位置すると，顧客を途中で止めることができる。
(5)累積的吸引力
　　同種の商品を扱う一定数の小売店は散在しているよりも，隣接あるいは近接して立地しているほうが，販売額を増加させる確率が高くなる。よって，(4)の「中間阻止性」にもとづき，中間阻止に立地するか，(5)の「累積的吸引力」にもとづき立地するかを選択しなければばらない場合がある。

(6)両立性

　　補完関係にある商品を扱う２店舗は，非常に近接している場合には，両店舗をともに利用する顧客の発生率に正比例し，より大規模な小売店の販売額の，より小なる店舗の販売額に対する比率に逆比例し，そしてそれぞれの販売額に占める意図的購入額(ある店舗で購入することを主要目的とした顧客のその店舗での購入額)の比率の和に正比例して販売額を増加させる。

(7)競争回避

　　競争を回避するためには，ほかの条件が等しければ，「競争店ができるだけ少ない立地を選ぶ」，「立地を競争店が利用することを防ぐ可能性を考慮する」，「競争立地が中間阻止的な立地にならないような立地を選ぶ」。

(8)立地の経済性

　　立地を取得するコストを，そこで実現できる生産性と関連させて分析する。

オ：ネルソンの立地選定の原則の１つである「商圏への接近可能性」を考える場合，小売業の形態を次の３つに分けて考えてみるとわかりやすい。ハンドブックでは，これら３タイプについて，次のように記述している。

◆顧客創出型小売店……広告宣伝，商品の独自性の評価，その他販売促進手段によって独自の顧客を吸引する小売店のタイプ。百貨店，総合品ぞろえスーパー（スーパーストア），特殊な専門店などの場合である。

◆近隣店顧客依存型小売店……近隣の店舗によって吸引された顧客が，ついでに購入していく小売店のタイプ。

◆通行量依存型小売店……買物目的ではない通勤者や交通機関利用者などが，ついでに購入する小売店のタイプ。

　　なお，大部分の小売店の売上高には，これらの３つのタイプの顧客による売上高が混在している。たとえば，百貨店は顧客創出型小売店であるが，その売上高の中には，通勤者や交通機関利用者などがついでに何かを購入した売上高も含まれているということ。

正解　□ ア 1　□ イ 2　□ ウ 2　□ エ 1　□ オ 2

実力養成 問題 | 小売業の商圏開発(2)
商圏の設定

第1章

第2章

第3章

第4章

第5章

模擬テスト

□ 次のア～オは，商圏に関する記述である。正しいものには1を，誤っているものには2を記入しなさい。

ア　商圏とは，当該小売店の顧客吸引力が及ぶ範囲であって，その需要の一定割合が常時，当該小売店における買物として実現している地域であり，現に売上高として寄与している顧客の分布する地域である。

イ　商圏の段階区分(1次商圏，2次商圏，3次商圏)の方法には，小売業の売上高を基準とする場合と，消費者の流出傾向を基準とする場合，の2つがある。

ウ　小売業の売上高を基準に商圏を区分する場合，1次商圏は店全体の売上高の60%以上を占める顧客が居住する範囲と定められている。

エ　消費者の流出傾向を基準に商圏を区分する場合，1次商圏は当該地域の消費需要の50%以上を吸収している地域と定められている。

オ　1次，2次，3次などに商圏を区分する方法には絶対的な基準はないものの，商圏を段階的に区分することは広告などの販売促進戦略を考える際には小売業にとって十分意味のあることである。

POINT!! 　解説

ア：商圏の定義の仕方にはいろいろあるが，ハンドブックでは商圏を上記のように規定している。つまり，商圏の成立要件として，次の3つを挙げている。

・当該小売店の顧客吸引力が及ぶ範囲であること。

・その需要の一定割合が常時当該小売店における買物として実現している地域であること。

・売上高として寄与している顧客の分布する地域であること。

また，ハンドブックは"商圏(Trading Area)"について，次のようにも述べている。

「小売店からみて，来店客が存在し得る地理的，時間的距離の範囲のこと。店舗ごとの商圏構造を分析する手法として，一般的に地域における店舗の選択確率を売場面積と時間距離で説明するハフ・モデルが利用されている。」

イ：商圏の段階区分法には，小売業の売上高を基準にする場合と，消費者の流出傾向を基準にする場合との2つがある。ハンドブックでは，例として，次のものを示している。

◆小売業の売上高を基準に区分する場合（例）

1次商圏……店全体の売上高の60〜65％を占める顧客の居住範囲

2次商圏……店全体の売上高の30％前後を占める顧客の居住範囲

3次商圏……1次商圏・2次商圏の世帯数の5〜10％を占める顧客の居住範囲

◆消費者の流出傾向を基準に区分する場合（例）

1次商圏……当該地域の消費需要の30％以上を吸引していると目される地域

2次商圏……当該地域の消費需要の10％以上を吸引していると目される地域

3次商圏……当該地域の消費需要の5％以上を吸引していると目される地域

ウとエ：上に示した「小売業の売上高を基準にする場合」「消費者の流出傾向を基準にする場合」はともに，ハンドブックが（例）として示したもので，商圏を1次〜3次に区分するための絶対的基準ではない。したがって，小売業の売上高を基準にする場合，第1次商圏を店全体の売上の70％以上を占める顧客の居住範囲と定める小売業もある。

オ：チラシ広告の配布などを考える場合には，商圏を2〜4分割することが有効であるとされている。要は，自店なりの商圏分割を行い，それに対応した経営戦略を行うことが肝要となる。

正 解 ☐ ア 1 ☐ イ 1 ☐ ウ 2 ☐ エ 2 ☐ オ 1

実力養成問題　小売業の商圏開発（3）
業種・店舗形態と商圏

□ 次のア〜オのうち，正しいものには1を，誤っているものには2を記入しなさい。

ア　住宅に近接して立地した小規模の最寄品店の場合，その商圏は小さいものとなる。

イ　買回品を販売する小売店は，便利な，より上位の商業集積に立地し，広い範囲の商圏を持つ。

ウ　専門品を販売する小売店の場合，かなり遠方から顧客が来店することから，来店客数は多く，広い商圏を持つ。

エ　同一業種においても，小売店の規模や品ぞろえなどによって狭い商圏を持った小売店から広域的な商圏を持った小売店まで多様である。

オ　百貨店の場合，ファッション性の高い衣料品・身の回り品売場やその他の高級品売場，あるいは特別の催事が顧客創出型の売場となり，その他の最寄品の売場はそれらの顧客創出型売場の顧客に対する依存型の売場とみなすことができる。

POINT!! 解説

ア：商品特性別に商圏の広がりをみた場合，最寄品を主として扱う小売店の商圏は小さい。食料品や日用生活必需品の場合，最も購買距離が短く，便利な場所で購入しようとする。

イ：買回品の場合，遠方まで買物コストをかけて買い回ることの中に，レジャー的な要素があり，買物の楽しみがある。

ウ：専門店の場合，かなり遠方から顧客は来店するものの，来店客数自体は少ない。そのため，密度は低いが，商圏は広い。

エ：たとえば，書店の場合，大型書店の商圏は広いが，一般の書店の商圏は小さい。つまり，同一業種においても商圏の大きさはさまざまである。

オ：また，これに加え，店舗が交通の核，特にターミナル駅に近接している場合には，通行量依存型の要素も加わることになる。

正解 ア1　イ1　ウ2　エ1　オ1

□　次のア～オは，経営戦略と商圏に関する記述である。正しいもの
　　には1を，誤っているものには2を記入しなさい。

　ア　消費者の店舗選択に対応し，小売業は立地のほかに品ぞろえ，
　　売場面積，価格，販売方法，広告などの販売促進，付帯サービス
　　などの諸手段を採用する。

　イ　消費者の状態（人口，世帯数，所得など），競争店の状態などの
　　環境諸条件に何の変化がなくても，小売業の経営戦略により，あ
　　る限度まで商圏は拡大できる。

　ウ　店舗の立地，規模などが同じで，かつ，環境要因に変化がない
　　場合には，その他の経営戦略をいかに整備しても，商圏の拡大は
　　すこぶる難しい。

　エ　商圏の拡大には，自然的，物理的条件による限界は存在するも
　　のの，競争店の動向により限界が生じることはない。

　オ　商圏を拡大するため，経営戦略の変革を行うと，それにより吸
　　引力の増大というプラス要因は生まれるものの，買物距離が拡大
　　することによる買物費用の増大というマイナス要因も生じること
　　になる。

POINT!! 解説

ア：消費者が小売店を選択する場合，小売店立地の便宜性は重要であるが，
　　多くの要因のうちの1つにすぎない。つまり，立地のほかに，品ぞろえ，
　　売場面積，価格，販売方法，広告宣伝などの販売促進，店舗建築や内部施
　　設などがある。

イ：ある小売店の現在の商圏は，その店舗の経営戦略とその店舗の環境諸条
　　件との組合せによって決定されている。別言すれば，店舗の経営戦略が同
　　じであっても，経営環境が変化すれば，たとえば近くに大型店が建設され
　　たり，道路交通の状態が変わったりすると，商圏の広さに影響が出ること
　　になる。

ウ：店舗の立地，規模などのほかに，環境要因に変化がない場合においても，

経営戦略を変更すれば、たとえば取扱い商品の品質を向上させ，かつ価格も低めに設定すれば，消費者の自店への需要は増加し，商圏の拡大につながる。

　また，環境要因が変化した場合には，ハンドブックに記述されているように，「それを利用した経営戦略の変革によって，より効果のある商圏の量的・質的拡大を達成することができる」ことになる。

エとオ：ハンドブックは，次のような理由から，商圏の拡大に限界が生じる場合があるとしている。

①自然的，物理的条件による限界

　これは自然的条件のほかに，道路や交通などの条件により商圏が拡大できない場合があるということ。また，徒歩で来店する顧客については，その歩行距離から商圏は拡大できないことになる。

②経営戦略の変革に伴う買物費用の増加による限界

　商品の品質の向上，品ぞろえの充実，低価格販売などは消費者にとってプラス効果であるので，それに伴い商圏は拡大するものの，商圏が拡大すると，それに伴い買物距離が長くなることから，買物費用が増加するというマイナス要因が生じることになる。この結果，買物費用の増加が商圏の拡大に限界をもたらすことになる。

③競争店の動向による限界

　自店の努力により経営規模が拡大すると，それに伴い商圏は拡大することになるが，近接する商店街に大型の競争店が出現すると，商圏の拡大どころか，商圏が縮小することになるかもしれない。

第1章
第2章
第3章
第4章
第5章
模擬テスト

正解　□ ア 1　□ イ 1　□ ウ 2　□ エ 2　□ オ 1

□ 次のア〜オについて，最も関係の深いものを下の語群から選びなさい。

ア　通常の状態のもとにあっては，2都市はそれらの中間にある小都市，町から，人口の持っているある力に正比例し，中間都市から，これらの2都市までの距離に反比例して，小売取引を吸引する。

イ　商圏内の潜在力をどれだけ自店に吸収できるかは，人々が近くを通り過ぎる可能性に依存する。

ウ　2つの都市AとBの中間の町から小売販売額がすべて同じ割合でAとBの両都市に吸収されると仮定した場合，中間の町を両都市の小売商圏分岐点，すなわち，AとB2つの都市の小売商業の影響の等しい，境界点とみなすことができるということを示している。

エ　商業中心地である都市と，その商圏内または商圏の近くにある消費者の居住する都市は，ほぼ両者の人口に正比例し，慣性因子の2乗に反比例して，消費者の居住する都市の小売販売額を分け合う。

オ　多くの利用可能な商業集積がある場合，そのうちのどの商業集積を利用するかという確率は，その商業集積が，ある地区の住民に対して与える効用に比例するという考え方で，その効用は，商業集積の規模とそこまでの距離によって決定される。

〈語 群〉
①ネルソンの立地選定の原則
②ハフの確率モデル
③マック・ハナンのライフスタイリング・アプローチ
④小売引力の法則・第1公式
⑤アルバートの行動ライフスタイル・アプローチ
⑥コンヴァースの新・小売引力の法則
⑦小売引力の法則・第2公式
⑧マクネアの小売の輪の理論

POINT!! ▶ 解説

ア：「小売引力の法則・第1公式」 試験に出た！ について述べたものである。
この法則は W.J. ライリーが発表したもので，小売取引はある法則にした
がって，より小さい都市や町からより大きい都市へ吸収されるというもの
である。これを数式で表したものが次式である。

$$\frac{B_a}{B_b}=\left(\frac{P_a}{P_b}\right)^N\times\left(\frac{D_b}{D_a}\right)^n$$

B_a：A市が中間の町Tから吸引する小売販売額

B_b：B市が中間の町Tから吸引する小売販売額

P_a：A市の人口　　　　　P_b：B市の人口

D_a：A市とT町の距離　　D_b：B市とT町の距離

$N\fallingdotseq1$　　　　　　$n=1.5\sim2.5$で，通常2とする

イ：これはすでに説明したように，「ネルソンの立地選定の原則」 試験に出た！
に関する記述である。

ウ：「小売引力の法則・第2公式」について述べたものである。
これを式で表すと，

$$DB=\frac{D_{ab}}{1+\sqrt{\dfrac{P_a}{P_b}}}\quad\cdots\cdots(1)$$

DB：B市から $B_a／B_b＝1$ の地点（小売商圏分岐点）までの距離

B_a ：A市が中間の町から吸引する小売販売額

B_b ：B市が中間の町から吸引する小売販売額

D_{ab}：A市とB市の間の距離，すなわち，$D_a＋D_b$

D_a ：A市の中間の町の距離

D_b ：B市の中間の町の距離

P_a ：A市の人口

P_b ：B市の人口

なお，(1)式は P.D. コンヴァースによって導かれたものである。

(1)式は，「小売引力の法則・第1公式」において，$N＝1$，$n＝2$とした
場合に，$B_a＝B_b$の地点，つまり，A市とB市の吸引力が等しくなる地点
を求めたものである。ただし，これに該当するのはすべての商品ではな
く，買回品と専門品である。

エ：「コンヴァースの新・小売引力の法則」 試験に出た！ について述べたもの
である。この法則の特徴は，消費者が買回品に支出する金額のうち，消費
者の居住する都市に残留される部分と競争都市に吸引される部分を，調査
にもとづき定式化したことにある。

$$\frac{B_a}{B_b}=\left(\frac{P_a}{H_b}\right)\times\left(\frac{4}{d}\right)^2$$

B_a：消費者の居住するB市から外部のA市に吸引される部分

B_b：地元のB市に残留する部分

P_a：A市の人口　　　　　　H_b：B市(home town)の人口

d：A・B市間の距離　　　　4：慣性因子

　なお，慣性因子の4はコンヴァースが調査した地区の平均であるので，
常に妥当性があるとはいえない。また，「4」も「d」もマイルであるが，こ
れらをメートルに換算してもよい。

オ：「ハフの確率モデル」 試験に出た！ について述べたものである。これを数
式で表すと，次式となる。

$$P_{ij}=\frac{u_{ij}}{\sum_{j=1}^{n}u_{ij}}=\frac{\dfrac{S_j}{T_{ij}^{\lambda}}}{\sum_{j=1}^{n}\dfrac{S_j}{T_{ij}^{\lambda}}}$$

P_{ij}：i地区に住む消費者が商業集積jを選択する確率であり，n個だけ存
在する利用可能な商業集積のうちの1つであるjの持つ吸引力u_{ij}に比
例すると考える。$\sum_{j=1}^{n}$はjについて1番目のものからn番目のものまで
を加えるということである。つまり，$u_{i1}+u_{i2}+u_{i3}+\cdots\cdots+u_{in}$

　また，そのjの持つ吸引力は，商業集積jの規模(売場面積)S_jとiか
らjまでの時間距離T_{ij}により決定される。T_{ij}がどのくらい買物を制約す
るかは商品の種類により異なり，実際に標本で調査する必要がある。

　なお，パラメータλは標本を選んで実際の買物場所を調査して計算し
なければならない。

　「ハフモデル」のほかに，「修正ハフモデル」がある。この「修正ハフモ
デル」は，1980年代に通産省(現・経済産業省)が大規模小売店舗法(大
店法)にもとづいた出店審査の基準として採用したもので，「ハフモデ
ル」で使用する"売場面積と時間距離"のほかに，"営業時間やブランド
力"などの要素を計算の際に取り入れた点に特徴がある。

正 解 □ ア ④　□ イ ①　□ ウ ⑦　□ エ ⑥　□ オ ②

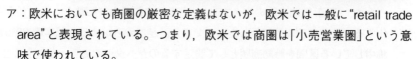

実力養成 問題　商圏形成の実際（1）
消費者行動が商圏を決める，戦略商圏とは何か

□ 次のア～オについて，正しいものには1を，誤っているものには2を記入しなさい。

ア　商圏とは，一般には小売店の販売政策（影響力）が及ぶ地理的範囲のことで，小売店の営業範囲と同じ意味に解釈されている。

イ　小売店の営業エリアが研究対象として取り上げられる最大の理由は，それが人為的に決定されるのではなく，一定の法則性を持って形成されているからである。

ウ　商圏形成とは消費者行動のあり方で決定されるため，小売店としてはコントロールできない環境要素である。このような意味の商圏は原始的商圏と呼ばれている。

エ　配送やアフターサービス訪問を伴う業種の場合，販促効果や営業効率を考えて，最も効果的な範囲に商圏を限定する必要が生じる。こうした考え方で設定された商圏を戦略商圏という。

オ　戦略商圏を設定する際，既存顧客の地理的分布状況を把握して，おおむねその70％程度をカバーするエリアにすべきといわれている。

POINT!!　解説　》》》

ア：欧米においても商圏の厳密な定義はないが，欧米では一般に"retail trade area"と表現されている。つまり，欧米では商圏は「小売営業圏」という意味で使われている。

　　また，ハンドブックでは，一般的な解釈にしたがって，商圏を「小売店の営業エリア」と考えるとしている。

イ：すなわち，小売商圏は，次のような2面において，一定の社会法則にもとづいて形成されている。

①小売店の営業エリアには距離的な限界があり，その限界距離は販売する商品カテゴリーのタイプによって異なる。

②小売店の営業エリアは立地条件によって異なり，商業集積の大きい立地にあるほど，その範囲は拡大する。

ウ：このような意味の商圏は，作為的に決定されていないという意味で「自然商圏」と呼ばれている。これに関連して，ハンドブックは，「小売店が顧客に働きかけるときに，自然商圏の全部を販売促進の対象エリアとすることは，非常にロスが多く，非効率である。できるだけ顧客が集中しているか，あるいは顧客になる可能性のあるターゲットが集中しているエリアを販売促進の対象範囲として選ぶ必要がある」と述べている。

エ：顧客がいるからといって，即，その地域を商圏にするわけにはいかない。なぜなら，酒販店や家電店の場合，配送やアフターサービス訪問を伴うため，営業効率の面から，顧客がいても商圏にならない地域がある。したがって，販促効果や営業効率を考えて，最も効果的な範囲に商圏を限定する必要が出てくる。そうした考え方にもとづいて設定された商圏を「戦略商圏」という。

オ：戦略商圏とは，小売店として最も効果的な販売活動ができるように政策的に定めた主要な営業範囲である。それを設定するにあたり，ハンドブックは次の2点が前提になるとしている。

①戦略商圏は，自然商圏の内部に含まれるのが一般的である。この戦略商圏をどう設定するかが小売業の課題となる。消費者行動の状況，競争店の分布状態，地域別の人口動態，地理的条件など，具体的な条件を考慮に入れて決定する。

②戦略商圏は，既存顧客の地理的分布状況を把握して，おおむねその70％程度をカバーするエリアを設定すべきといわれている。

　なお，下図「戦略商圏の考え方」は，小売店の影響力が距離とともにどう変化するかを，モデル的に示したものである。結論からいえば，顧客の68％が集中している区間を戦略商圏として設定するのがベターである，ということ。

　ハンドブックは上図に関して，次のように述べている。

「この分布型は，理論的には正規分布曲線になると考えられる。また，曲線の下側部分の面積がその小売店の顧客数を表すと想定できる。正規分布曲線の性格から，この面積を標準偏差δおよび2δで区分すると，それぞれの面積比は68：27：5となることが知られている。この場合，最も店の影響力の強い0〜δの区分（上図のA部分）に顧客の68％が集中していることになり，この区間（平面状でのエリアとなる）を戦略商圏として設定できる。」

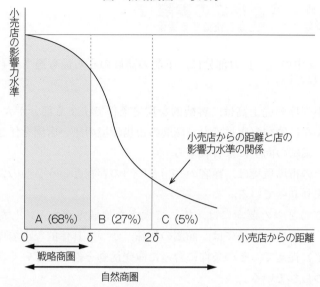

図　戦略商圏の考え方

出所：『販売士ハンドブック（発展編）』

第1章

第2章

第3章

第4章

第5章

模擬テスト

□ 次の文中の〔　〕の部分に，下記の語群のうち最も適当なものを
選びなさい。

　　小売店の売上高は，客観的な環境条件で決まる部分が大きい。
どんなに優秀な店長でも，商圏の市場環境の悪い店舗を任された
ら，業績の向上には苦戦する。

　　その市場環境は，顧客の〔ア〕と〔イ〕の存在という2つの要素か
ら成り立っている。

　　この2つの要素には，極めて大きな地域差がある。したがっ
て，小売店の店長には，商圏の特殊，かつ，具体的な市場環境を
正確に捉えて，その条件に合った販売活動を継続していくことが
求められている。

　　その意味で，小売店の売上高を支えるもう1つの小売店の〔ウ〕
能力を軽視することはできない。小売店に必要な〔ウ〕能力には，
〔エ〕を働かせる部分と活動する部分の2つがある。〔エ〕を働かせ
た活動，すなわち戦略性のある行動こそが，これからの時代の小
売店経営に最も必要である。また，活動する部分とは，顧客に対
する積極的な働きかけであり，〔オ〕活動といわれている。店舗づ
くりや商品陳列のあり方もその一部である。

〈語　群〉
①知識　　　　　②管理　　　　③マネジメント
④価格志向性　　⑤知恵　　　　⑥競争店
⑦販売促進　　　⑧ライフスタイル
⑨代替物　　　　⑩商品計画

POINT!! 解説

ハンドブックは次のように述べている。

「小売店の売上高に影響を与える主要因は，一般に天気，景気，ヤル気の「3気」といわれている。しかし，基本的には，顧客の存在，競争店の存在，小売店の努力の3点のほうが重要である。」これを整理すれば図「小売店の売上高を維持する要素」のようになる。

図　小売店の売上高を維持する要素

出所：旧『販売士ハンドブック（発展編）』
（注）理解の参考になると考え，上図を掲載した。

「顧客の存在」とは上図でいえば「顧客の動向（ライフスタイル）」，「競争店の存在」とは上図でいえば「競争店の動向（競争条件）」である。また，「小売店の努力」とは上図でいえば「経営努力」であり，これを言い換えれば「小売店のマネジメント能力」である。

また，問題文の中で重要な箇所は，

「この2つの要素（顧客のライフスタイルと競争店の存在）には，極めて大きな地域差がある。したがって，小売店の店長には，商圏の特殊，かつ，具体的な市場環境を正確に捉えて，その条件に合った販売活動を継続していくことが求められている。

その意味で，小売店の売上高を支えるもう1つの小売店の〔ウ（マネジメント）〕能力を軽視することはできない。」

正解　□ ア⑧　□ イ⑥　□ ウ③　□ エ⑤　□ オ⑦

□ 次の文中の〔　〕の部分に，下記の語群から最も適当なものを選びなさい。

　小売業における競争は，商品と〔ア〕の関係に，2店以上の小売店が同時に介入するときに生じる。たとえば，スーパーマーケットとコンビニエンスストアなど，異なる店舗形態間においても，それぞれが同じ商品を同一〔ア〕に販売しようとするならば，そこに競争が発生する。

　また，自転車専門店の売上が〔イ〕のブームによって不振になるとか，〔ウ〕産業の伸びが総合品ぞろえスーパー（スーパーストア）などの食品売場に影響するなどが発生している。これらは異業態間の競争ではあるが，小売業としては対応しきれない消費環境にかかわる構造的問題である。

　同一商品，同一〔ア〕，同一時点という3要素を含んだ他店の販売活動が〔エ〕内に存在している状況こそが，小売業における競争の実態である。今日，このような競争要素を持った「競争店」は，〔エ〕の内に多数存在している。まさに，ある〔オ〕をめぐる異業態間競争の時代である。

〈語　群〉
①商圏　　②家電　　③部門
④企業　　⑤軽自動車　　⑥外食
⑦業界　　⑧カテゴリー　　⑨ソフト・バイク
⑩顧客

POINT!! 解説

　上文のポイントは，最後に書かれている「まさに，ある〔オ（カテゴリー）〕をめぐる異業態間競争の時代である」という箇所である。

　上文では最初に，「競争とは何か」が書かれている。つまり，「小売業における競争は，商品と〔ア（顧客）〕の関係に，２店以上の小売店が同時に介入するときに生じる。したがって，異なる店舗形態間においても，それぞれが同じ商品を同一〔ア（顧客）〕に販売しようとするならば，そこに競争が発生する。」

　競争は従来，同業種店の間，たとえば魚屋と魚屋，肉屋と肉屋の間で展開されてきた。しかし，そうした時代から変わり，競争は同業種店間のほかに，異なる店舗形態間においても展開されるようになった。たとえば，魚屋とスーパーマーケット，魚屋と総合品ぞろえスーパーなど。

　〔イ〕には「ソフト・バイク」，〔ウ〕には「外食」がそれぞれ入る。つまり，自転車専門店とソフト・バイク販売店との間で競争が発生しており，外食産業と総合品ぞろえスーパーの食品売場との間でも競争が発生している。これらは，店舗形態間競争ではなく異業態間競争であるが，競争の新しい形態であることに変わりはない。

　そして，こうした競争の新しい形態が，同じ商圏内において展開されている。すなわち，商圏内に競争要素を持った競争店が多数存在していて，まさにある〔オ（カテゴリー）〕をめぐる異業態間競争の時代に突入しているということ。

　なお，「業態」と「店舗形態」の意味は異なるが，ここでは「業態」は「店舗形態」に近い意味で使われている。

　また，ハンドブックでは上文に続いて，「このように，競争は，多数乱戦状況にあるとともに，今日では異次元の競争へと移っている。しかし，それに打ち勝つことが小売店として生き抜くための条件である。「どの程度の競争が，どの商品，どの顧客について発生しており，それらがどう変化しているか」という事実に細心の注意を払わなければならない」と述べて，締めくくっている。

正解 □ ア ⑩ □ イ ⑨ □ ウ ⑥ □ エ ① □ オ ⑧

□ 次の文中の〔 〕の部分に，下記の語群から最も適当なものを選びなさい。

　競争の程度を数量的に示す尺度には，〔ア〕がある。〔ア〕は一般に総需要に対する〔イ〕の割合である。しかし，小売店の場合には，総需要そのものが〔ウ〕という枠によって規制されている。その意味から，総需要を「〔エ〕」と呼んで，一般的に使われている〔ア〕とは区別しておく。

　なお，競争とは，〔ウ〕内のあらゆる店舗形態間の力関係である。しかも競争相手は1人ではなく，自店以外のすべてである。特定のライバルに勝つかどうかではなく，すべてのライバルに勝たなければならない。

　すべてのライバルに対する自店の優位性を示す尺度が〔エ〕である。つまり，〔エ〕が〔オ〕ければ，自店は劣位に位置するということである。

〈語　群〉

①高　　　　　　　②低　　　　　③商圏シェア
④寡占度　　　　　⑤商圏　　　　⑥利益
⑦マーケットシェア　⑧市場　　　　⑨売上高
⑩マークアップ率

POINT!! 〉解説

〔ア〕には「マーケットシェア」が入る。マーケットシェアは市場占有率と呼ばれるもので，次式が成立する。

$$\text{マーケットシェア} = \frac{\text{特定企業の売上高}}{\text{ある商品の市場総売上高}}$$

$$= \frac{\text{特定企業の売上高}}{\text{ある商品の市場総需要額}}$$

なぜなら，総売上高＝総需要額

したがって，〔イ〕には「売上高」が入ることになる。

ところが，マーケットシェアは，大企業製品の市場全体に占める割合を示すもので，小売業の場合，対象は著しく小さいものになる。よって，小売業の場合は「市場」を対象とするものではなく，「商圏」を対象とするものとなる。なぜなら，商圏外において，小さい企業の商品を買う者はいないからである。したがって，小売業においては「マーケットシェア」という用語は使わず，「商圏シェア」という用語が使われることになる。

$$\text{商圏シェア} = \frac{\text{ある小売業の売上高}}{\text{商圏内における総需要額}}$$

よって，〔ウ〕には「商圏」，〔エ〕には「商圏シェア」が入ることになる。

商圏シェアはすべてのライバルに対する自店の優位性を示す尺度となるので，自社の商圏シェアが高ければ，自社はその商圏において優位に位置することになり，反対に，自社の商圏シェアが低ければ，自社はその商圏において劣位に位置することになる。したがって，〔オ〕には「低」が入ることになる。

ハンドブックは，商圏シェアと売上額の関係について，次式で示している。

①店舗売上額＝商圏需要×商圏シェア

②店舗売上額＝商品Ａの商圏需要×商品Ａの商圏シェア
　　　　　　　＋商品Ｂの商圏需要×商品Ｂの商圏シェア
　　　　　　　＋商品Ｃの商圏需要×商品Ｃの商圏シェア……

③店舗売上額＝顧客Ｍの支出総額×顧客Ｍにおけるシェア
　　　　　　　＋顧客Ｎの支出総額×顧客Ｎにおけるシェア
　　　　　　　＋顧客Ｐの支出総額×顧客Ｐにおけるシェア……

正解 □ ア⑦ 　□ イ⑨ 　□ ウ⑤ 　□ エ③ 　□ オ②

第1章

第2章

第3章

第4章

第5章

模擬テスト

競争と商圏シェア (3)
商圏シェアの3段階

□ 次のア～オは，商圏シェアの3段階に関して述べたものである。
　正しいものには1を，誤っているものには2を記入しなさい。

ア　商圏シェアには，競争の質的変化を示す，生存シェア，成長シ
　ェア，支配シェアの3つの段階がある。

イ　生存シェアは商圏シェアが低位で，店舗経営がかろうじて成り
　立つ水準であるため，あらゆる面で激しい競争は行われてはいな
　い。

ウ　商圏シェアの拡大に伴い，小売店はステップ・バイ・ステップ
　で競争力を増していくが，販促効果は低下していくことになる。

エ　商圏シェアが支配シェアの段階に入ると，収益性が極めてよく
　なり，商圏内でリーダーシップを発揮した地域一番店になる。

オ　小売店にとっての戦略課題は，広い商圏において自店の力を示
　すのではなく，整備された戦略商圏において高い商圏シェアを確
　保することである。

POINT!! 　解説

ア：商圏シェアには，生存シェア，成長シェア，支配シェアの3つの段階が
　　ある。
　　　また，下図「商圏シェアと販促効果水準の関係」に示されるように，商圏
　　シェアが高くなる（生存シェア→成長シェア→支配シェア）に伴い，販促効
　　果は高くなっていく。

イ：生存シェアは商圏シェアが低位であるので，店舗経営は苦しく，かろう
　　じて存続が可能な水準である。そのため，他の小売店との間の競争は激し
　　く，販促効果はほとんど効かないものとなる。下図を見てわかるように，
　　生存シェアは商圏シェアが低く，販促効果は低い。

ウ：商圏シェアの拡大に伴い，小売店はステップ・バイ・ステップ（一歩一歩）
　　で競争力を増し，生存シェア→成長シェア→支配シェアと変化することに
　　なる。よって，それと並行して，販促効果は高くなっていく。

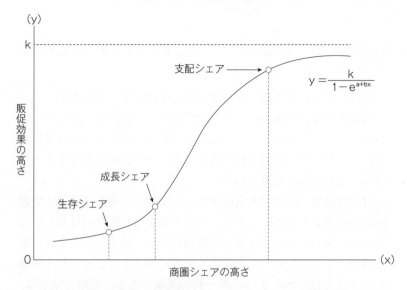

図　商圏シェアと販促効果水準の関係

$$y = \frac{k}{1 - e^{a+bx}}$$

出所:『販売士ハンドブック（発展編)』

エ：生存シェアの段階では販促効果はほとんど効かないが，成長シェアの段
　　階では販促効果が効き始め，競争に打ち勝つ力を持ち始める。そして，支
　　配シェアの段階では，競争相手よりも少ない販促費でより高い売上高を達
　　成することが可能になる。
オ：小売店にとって戦略商圏は，販促効果や営業効率の面から，最も効果的
　　な範囲の商圏である。その戦略商圏において高い商圏シェアを確保するこ
　　とは収益性が極めて高くなる。

正　解　□ ア 1　□ イ 2　□ ウ 2　□ エ 1　□ オ 1

□ 次の文中の〔　〕の部分に，下記の語群から最も適当なものを選びなさい。

商圏シェアの水準は，どのようにして把握すべきなのか。

店舗の売上高と商圏シェアとの関係は，「店舗売上高＝〔ア〕×商圏シェア」の式で示され，商圏シェアはこれにもとづいて算出される。ただし，商圏を自然商圏とするか，戦略商圏とするかを明確にさせておく必要がある。

自然商圏は，顧客の来店範囲を示しており，その意味では店舗の営業範囲でもある。しかし，この全域を店舗戦略の対象とすることは，販売効率を悪化させる要因になる。商圏を広くとれば需要は〔イ〕なる。しかし，競争店も大幅に増えることとなり，商圏シェアは大幅に〔ウ〕するのが一般的現象である。戦略商圏とは，こうした点を考慮して，販売額の〔エ〕％程度をカバーするエリアに限定して設定される商圏といえる。

そこで，戦略商圏における商圏シェアは次のように計算される。

たとえば，小売店Yの1年間の店舗売上高が1億円で，そのうちの〔エ〕％が小売店Yの戦略商圏Aにおける売上高であったとする。このとき，小売店Yが設定している戦略商圏Aにおける全体の売上高(1年間)が3億5,000万円であったとすると，戦略商圏Aにおける小売店Yの商圏シェアは〔オ〕％となる。

〈語　群〉

①20　　　　②25　　　　③70

④90　　　　⑤上昇　　　⑥顧客数

⑦小さく　　⑧商圏需要　⑨低下

⑩大きく

POINT!! ▶ 解説

ア：これについては先に述べたように，次式が成立する。

   店舗売上高＝商圏需要×商圏シェア

イ：商圏を大別すると下図のように，自然商圏と戦略商圏がある。

   自然商圏の需要＞戦略商圏の需要

   つまり，商圏を広くとればとるほど，商圏需要は大きいものとなる。

図　戦略商圏と店舗売上高の関係

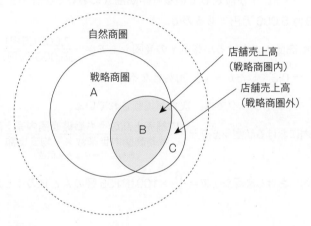

出所：『販売士ハンドブック（発展編）』

ウ：商圏を広くとれば需要は大きくなるものの，競争店も大幅に増えることになるので，商圏シェアは大幅に低下することになる。

   これについても，上図を見てもらいたい。たとえば，ある小売店の戦略商圏A内における，ある小売店の売上高がBであり，戦略商圏Aの売上高をAとすると，

   ある小売店の戦略商圏Aにおける商圏シェア＝$\dfrac{B}{A}$

   また，ある小売店の自然商圏内における，ある小売店の売上高を（B＋C）とし，自然商圏の売上額をNとすると，

   ある小売店の自然商圏における商圏シェア＝$\dfrac{B+C}{N}$

上図を見てわかるように，

$$\frac{B}{A} > \frac{B+C}{N}$$

エ：これについても先に述べたように，戦略商圏は自然商圏の売上高の70%
　　程度をカバーするエリアとされている。よって，「70%」は丸覚えしておく
　　必要がある。

オ：小売店Yの1年間の店舗売上高が1億円で，戦略商圏ではその70%の
　　売上高があるので，小売店Yの戦略商圏Aにおける売上高は，10,000
　　（万円）× 0.7 ＝ 7,000（万円）となる。

　　　また，小売店Yが設定している戦略商圏Aにおける全体の売上高（1年
　　間）が3億5,000万円であるので，

$$\text{戦略商圏Aにおける小売店Yの商圏シェア} = \frac{7,000（万円）}{35,000（万円）}$$

$$= \frac{1}{5} = 0.2 \quad \text{したがって，20\%となる。}$$

　　　なお，ハンドブックでは，次式が掲載されている。

$$\text{戦略商圏内における商圏シェア} = \frac{\text{店舗売上高のうち戦略商圏内売上高}}{\text{戦略商圏内世帯数×平均支出額}} \times 100$$
（またはターゲット人口数）

$$\text{戦略商圏内における商圏シェア} = \frac{B}{A} \times 100（\text{P155図のAとBのこと}）$$

記述式穴埋問題　　キーワードは**これだ！**

次の各問の〔　　　〕の部分にあてはまる最も適当な語句・短文を記入しなさい。

① 小売業の立地条件は，〔　ア　〕と〔　イ　〕に分けて捉える考え方が一般的である。前者の構成要素には，都市の性格，都市計画，人口動態，交通条件などがあり，後者の構成要素には，近隣条件，敷地の物理的条件，法令規制がある。

ア	イ

② ネルソンは立地選定にあたり，守るべき8原則を挙げている。これらのうち，〔　　　〕とは，住居地あるいは勤務先と従来の買物先の小売店または商店街との中間に立地すると，顧客を途中で食い止めることができる，というものである。

③ ネルソンの立地選定に関する8原則のうち，〔　　　〕とは，同種の商品を扱う一定数の小売店は，散在しているよりも，隣接あるいは近接して立地しているほうが，販売額を増加させる確率が高い，というものである。

④ ネルソンの立地選定の原則の1つである「商圏への接近可能性」を考える場合，小売業の形態を3つに分けて検討することが有効であるとされている。これらのうち，〔　　　〕とは，広告宣伝，商品の独自性の評価，その他販売促進手段によって独自の顧客を吸収する小売店をいう。

⑤ 商圏を段階区分する方法として，小売業の売上高を基準に区分する場合と，
〔 ア 〕を基準に区分する場合がある。いずれも，1次・2次・3次などの区
分の方法には〔 イ 〕はなく，恣意的にならざるを得ないが，商圏を段階区分
することは，特に広告などの〔 ウ 〕を考えるときには有効である。

ア	イ
	ウ

⑥ 商圏の拡大は，次のような理由により限界が生じることがある。すなわち，
「自然的，〔 ア 〕による限界」「経営戦略の変革に伴う〔 イ 〕による限界」
「〔 ウ 〕の動向による限界」である。

ア	イ
	ウ

⑦ A市の人口が80万人，B市の人口が20万人，A市とB市の間の距離が
120kmである。
　このとき，小売引力の法則・第2公式を使った場合，B市から〔　〕km
の地点が小売商圏分岐点となる。

⑧ 下記の条件のとき，小売引力の法則・第1公式を用いた場合，都市Aと都
市Bへ流れる小売取引額の比は〔 ア 〕となる。
　・都市Aの人口は20万人
　・都市Bの人口は10万人
　・中間都市から都市Aまでの距離は10km
　・中間都市から都市Bまでの距離は20km
　また，この場合，中間都市において，ある商品を販売する店がなく，ある
商品に対する年間購入額が1,800万円である場合，都市Aに流れる小売取
引額は〔 イ 〕万円，都市Bに流れる小売取引額は〔 ウ 〕万円となる。

第1章

第2章

第3章

第4章

第5章

模擬テスト

ア	イ

	ウ

⑨　下記の条件のとき，新・小売引力の法則を用いた場合，消費者の居住するB市から外部のA市に吸引される部分と地元のB市に残留する部分の比は，〔　　〕となる。

　　・A市の人口は30万人

　　・B市の人口は5万人

　　・A市とB市の間の距離は10km

　　・慣性因子は4km

⑩　ハフモデルは，消費者が利用可能な商業集積のうち，どの商業集積で買物をするかという確率を表したもので，それは「商業集積の規模を示す〔　ア　〕し，そこへ到達する〔　イ　〕する」というものである。

ア	イ

⑪　小売商圏は，次のような2面で一定の社会法則にもとづいて形成されている。

　(1)小売店の営業エリアには距離的な限界があり，その限界距離は販売する〔　ア　〕のタイプにより異なる。

　(2)小売店の営業エリアは立地条件によって異なり，〔　イ　〕の大きい立地にあるほど，その範囲は拡大する。

ア	イ

⑫　商圏形成とは消費者行動のあり方で決定されるため，小売店としてはコントロールできない環境要素である。このような意味の商圏は〔　ア　〕と呼ばれる。これに対して，販売効果や営業効率を考えて，最も効果的な範囲に設定された商圏を〔　イ　〕という。

ア	イ

⑬　小売店の売上高に影響を及ぼす主要因は，商圏の市場環境であり，これは顧客の〔　ア　〕と〔　イ　〕の存在という２つの要素から成っている。ただ，２つの要素は極めて大きな地域差があるため，小売店の店長は商圏の特殊性などを正確に捉え，それを踏まえて販売活動を行うことが求められる。その意味で，小売店の売上高を支えるもう１つの要素は小売店の〔　ウ　〕といえる。

ア	イ

	ウ

⑭　自転車専門店の売上がソフト・バイクのブームによって不振になるとか，外食産業の伸びが総合品ぞろえスーパー（スーパーストア）などの食品売場に影響するなどが発生している。これらはまさに，あるカテゴリーをめぐる〔　　〕である。

⑮　$\dfrac{\text{ある特定企業の売上高}}{\text{ある商品の市場総需要額}}=$〔　ア　〕

　　$\dfrac{\text{ある小売業の売上高}}{\text{商圏内における総需要額}}=$〔　イ　〕

ア	イ

⑯　商圏シェアには，競争の質的な変化を示す３つの水準がある。これらのうち〔　　〕とは，商圏シェアが中位で，販促効果が効き始め，競争に打ち勝つ力を持ち始める段階をいう。

正解＆解説

①ア－商業立地

　イ－店舗立地

　解説 なお，店舗の立地条件は絶えず変化しているので，日常的に立地の評価を行い，それを小売業の経営にフィードバックさせることが重要となる。

②中間阻止性

　解説 第87回販売士1級検定試験の記述式において，「中間阻止性」「累積的吸引力」「競争回避」について，それぞれ2行程度で説明しなさいという問題が出題された。つまり，これら3つの原則は8つの原則の中でも出題頻度が高いといえる。

③累積的吸引力

　解説 「累積的吸引力」について，自分の言葉で説明してみると，キーワードがはっきりわかるので，スムースに用語を覚えることができるかもしれない。

④顧客創出型小売店

　解説 顧客創出型小売店に該当するのは，百貨店，総合品ぞろえスーパー（スーパーストア），特殊な専門店などである。

⑤ア－消費者の流出傾向

　イ－絶対的な基準

　ウ－販売促進戦略

　解説 商圏を段階区分する方法として，「小売業の売上高を基準に区分する場合」と「消費者の流出傾向を基準に区分する場合」があることは覚えておこう。

⑥ア－物理的条件

　イ－買物費用の増加

　ウ－競争店

　解説 商圏拡大の限界を引き起こす，「自然的，物理的条件」「経営戦略の変革に伴う買物費用の増加」「競争店の動向」をパーフェクトな形で予期することはむずかしい。これらの要因により限界が生じることはある程度予期していても，商圏を拡大するためには，経営規模の拡大，経営戦略の変革などは行わざるを得ない。

⑦ 40

解説 小売引力の法則・第2公式は次式で示される。

$$DB = \frac{Dab}{1+\sqrt{\dfrac{Pa}{Pb}}}$$

DB：B市から小売商圏分岐点までの距離

Dab：A市とB市の間の距離

Pa：A市の人口

Pb：B市の人口

A市の人口は80万人，B市の人口は20万人，A市とB市の間の距離は120kmであるので，これらを上式に入れると，

$$DB = \frac{120}{1+\sqrt{\dfrac{80}{20}}} = \frac{120}{1+\sqrt{4}} = \frac{120}{1+2} = 40$$

以上より，DB＝40（km）となり，B市から小売商圏分岐点までの距離は40kmとなる。

上式がよくわからない人は，上式の公式を丸覚えし，与えられた数値を公式にそのまま入れてみるとよい。公式を深く考えず，公式をそのまま受け入れるようにすることがポイント。

⑧ ア－8：1　　イ－1,600　　ウ－200

解説 小売引力の法則・第1公式は次式で示される。

$$\frac{Ba}{Bb} = \left(\frac{Pa}{Pb}\right)^{N} \times \left(\frac{Db}{Da}\right)^{n} \cdots\cdots (1)$$

Ba：A市が中間の都市から吸引する小売販売額

Bb：B市が中間の都市から吸引する小売販売額

Pa：A市の人口

Pb：B市の人口

Da：A市と中間の都市の距離

Db：B市と中間の都市の距離

N≒1

nは通常2とする

題意より，Pa＝20（万人），Pb＝10（万人）

　　　　Da＝10（km），Db＝20（km）

　　また，N＝1，n＝2

これらを公式に入れると，下のようになる。

$$\frac{Ba}{Bb} = \left(\frac{Pa}{Pb}\right)^N \times \left(\frac{Db}{Da}\right)^n$$

$$\frac{Ba}{Bb} = \left(\frac{20}{10}\right)^1 \times \left(\frac{20}{10}\right)^2$$

$$= \left(\frac{2}{1}\right)^1 \times \left(\frac{2}{1}\right)^2$$

$$= \frac{2}{1} \times \frac{4}{1}$$

$$= \frac{8}{1}$$

$$\therefore Ba : Bb = 8 : 1$$

また，中間の都市において，ある商品を販売する店がなく，商品に対する年間購入額は 1,800 万円であることから，次式が成立する。

$$Ba = 1,800 \times \frac{8}{8+1} = 1,800 \times \frac{8}{9} = 1,600 （万円）$$

$$Bb = 1,800 \times \frac{1}{8+1} = 1,800 \times \frac{1}{9} = 200 （万円）$$

⑨ 24 : 25

解説 新・小売引力の法則は次式で示される。

$$\frac{Ba}{Bb} = \left(\frac{Pa}{Hb}\right) \times \left(\frac{i}{d}\right)^2$$

Ba：消費者の居住する B 市から外部の A 市に吸引される部分
Bb：地元の B 市に残留する部分
Pa：A 市の人口
Hb：B 市の人口
d ：A 市と B 市の間の距離
i ：慣性因子

A 市の人口は 30 万人，B 市の人口は 5 万人，A 市と B 市の間の距離は 10km，慣性因子は 4km であるので，これらを上式に入れると，

$$\frac{Ba}{Bb} = \left(\frac{Pa}{Hb}\right) \times \left(\frac{i}{d}\right)^2$$

$$\frac{Ba}{Bb} = \left(\frac{30}{5}\right) \times \left(\frac{4}{10}\right)^2$$

$$= \left(\frac{6}{1}\right) \times \left(\frac{2}{5}\right)^2$$

$$= \frac{6}{1} \times \frac{4}{25}$$

$$= \frac{24}{25}$$

$$\therefore Ba : Bb = 24 : 25$$

⑩アー売場面積の大きさに比例

　イー時間距離に反比例

　解説 ハフモデルは，売場面積と時間距離だけを用いる単純モデルであるため，この式で計算したものが現実の消費者の行動と一致しなければ，売場面積と時間距離以外の要因が影響しているとみなければならない。

⑪アー商品カテゴリー

　イー商業集積

　解説 ハンドブックは商圏の法則性について，「小売店の営業エリアが研究対象として取り上げられる最大の理由は，それが人為的に決定されるのではなく，一定の法則性を持って形成されているからである」と述べている。

⑫アー自然商圏

　イー戦略商圏

　解説 小売店が顧客に働きかけるとき，自然商圏の全部を販売促進の対象エリアにすると，非常にロスが多く，非効率であることから，戦略商圏を設定することになる。

⑬アーライフスタイル

　イー競争店

　ウーマネジメント能力

　解説 P146 の問題文の中で記述されているように，「小売店に必要なマネジメント能力には，知恵を働かせる部分と活動する部分の２つがある」。

⑭異業態間競争

解説 今日は異業態間競争の時代であるが，それに打ち勝つ必要がある。これに関してハンドブックは「どの程度の競争が，どの商品，どの顧客について発生しており，それらがどう変化しているかという事実に細心の注意を払わなければならない」と述べている。

⑮アーマーケットシェア
　イー商圏シェア

解説 マーケットシェアは一般に，大企業の製品のその市場全体に占める割合を示す。一方，小売業の販売対象は商圏内の顧客にあることから，その小売業の売上高の商圏全体に占める割合は商圏シェアで示される。

⑯成長シェア

解説 商圏シェアと小売店の販促効果の間には密接な関係があり，商圏シェアが高くなるに伴い，販促効果は高くなる。この関係は一般に曲線で表され，低い段階を生存シェア，中位の段階を成長シェア，高い段階を支配シェアという。

リージョナルプロモーションの戦略的展開

リージョナルプロモーションの戦略的展開

　マーケティングにおける4P理論の1つである“プロモーション”は，小売業の場合，店舗を拠点として商圏内の顧客に対してプロモーションが展開されており，これをリージョナルプロモーションという。

　リージョナルプロモーションは下図に示されるように，3P戦略(プル戦略，プッシュ戦略，プット戦略)で構成される。

　ただ，本章(リージョナルプロモーションの戦略的展開)では，「インストアプロモーション」と「インストアマーチャンダイジング」の2つの戦略を取りあげる。

図　リージョナルプロモーションの体系

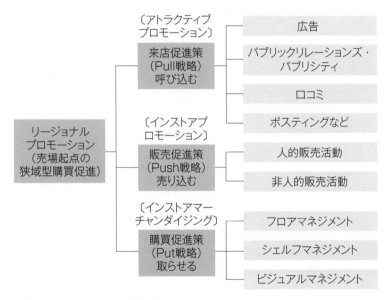

出所：『販売士ハンドブック（発展編）』

実力養成 問題 — 販売促進策としてのインストアプロモーション（Push戦略）の実際

□ 次のア～オは，インストアプロモーションに関する記述である。正しいものには1を，誤っているものには2を記入しなさい。

ア　インストアプロモーションの主な目的は，売上高の増加であることから，特定の売場への誘引，購買予定商品の想起の助成，衝動買いの誘発，関連商品の購買誘発など，多面的な仕掛けが必要である。

イ　インストアプロモーションは，非人的販売促進と人的販売促進に大別される。人的販売促進は，販売促進にあたり専門的な販売員が直接，顧客に関与するインストアプロモーションであり，デモンストレーション販売，カウンセリング販売，推奨販売，値引・値下販売などがこれに分類される。

ウ　人的販売促進のうち，代表的な販売促進策はカウンセリング販売と推奨販売であり，前者は化粧品業界などで，後者は医薬品業界などで実施されている。

エ　サンプリングには，個別配布，ダイレクトメール，店内配布，クロスサンプリング，メディアサンプリングなどがあるが，今日の代表的なサンプリングとなっているのはエリアを決めて直接，家庭に配布する個別配布である。

オ　デモンストレーション販売は，当該商品を開発したメーカーの担当スタッフがキャンペーン期間に合わせて，チェーンストアの各店舗をキャラバン方式で巡回するのが一般的である。

ア：「インストアプロモーションの主な目的は，売上高の増加である」の箇所
はきっちり押さえておこう。その目的が「売上高の増加である」ことから，
「多面的な仕掛けが必要」となる。

　　ハンドブックは，インストアプロモーション（Instore Promotion）につい
て，「小売店内での販売促進活動のこと。人的販売ならびにディスプレイ，
イベントなどでの売場演出や特売，催事，実演販売などさまざまな方法が
ある」と述べている。

イ：次ページの図「インストアプロモーションの体系」を見てわかるように，
インストアプロモーションは「非人的販売促進」と「人的販売促進」に大別さ
れる。両者の根本的違いは，前者は販売促進にあたって専門的な販売員が
直接，顧客に関与しないことであり，後者は専門的な販売員が直接，顧客
に関与する，ということである。

　　なお，「値引・値下販売」は非人的販売促進に分類される。

ウ：ハンドブックは，カウンセリング販売について，「たとえば，カウンセ
リング化粧品と呼ばれる高級化粧品を販売する際，高度な知識と技能を身
につけた専門スタッフが，顧客に対して顔の肌診断を行い，フェイスケア
の方法をアドバイスしながら，それに適した化粧品を売り込むようなケー
スである」と述べている。

　　また，ハンドブックは，推奨販売について，「たとえば，特殊な医薬品
を販売する際，薬剤師が顧客の相談に乗って，その症状の改善をはかるた
めの医薬品を処方するようなケースである」と述べている。

　　つまり，カウンセリング販売と推奨販売の対象商品は高級化粧品あるい
は特殊な医薬品であり，その販売方法に大きな差異はない。ただ，慣習的
に，化粧品業界ではカウンセリング販売，医薬品業界では推奨販売と呼ん
でいる。

エ：情報過多の時代の今日においては，従来のようなサンプル配布という単
純な仕掛けでは有効とはいえなくなっており，サンプルに対して顧客がど
う反応するか，顧客にどのように受け入れられるかを把握することが重要
となっている。そのため，これらを把握するため，顧客自らが積極的に商
品のモニタに応募する仕掛けをつくることがポイントになっている。

　　ハンドブックは，それぞれのサンプリングについて，次のように述べて
いる。

第1章

第2章

第3章

第4章

第5章

模擬テスト

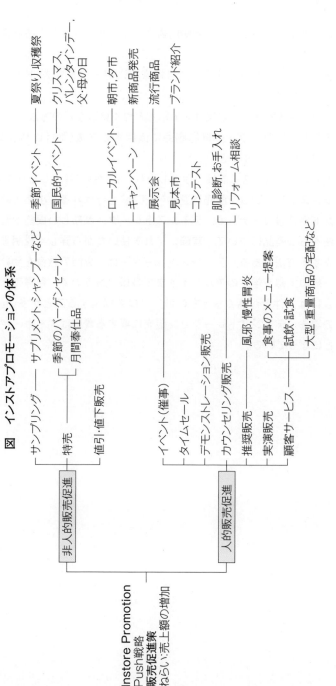

図　インストアプロモーションの体系

サンプリング ── サプリメント、シャンプーなど

特売 ──┬── 季節のバーゲンセール
　　　　└── 月間奉仕品

値引・値下販売

非人的販売促進

季節イベント ── 夏祭り、収穫祭

国民的イベント ──┬── クリスマス、
　　　　　　　　　│　 バレンタインデー、
　　　　　　　　　└── 父・母の日

ローカルイベント ── 朝市、夕市

キャンペーン ── 新商品発売

展示会 ── 流行商品

見本市 ── ブランド紹介

コンテスト

イベント（催事）

タイムセール

デモンストレーション販売

カウンセリング販売

推奨販売 ── 風邪、慢性胃炎

実演販売 ── 食事のメニュー提案

顧客サービス ──┬── 試飲・試食
　　　　　　　　└── 大型・重量商品の宅配など

肌診断、お手入れ

リフォーム相談

人的販売促進

Instore Promotion
Push戦略
販売促進策
ねらい売上額の増加

出典：「マイクロマーケティングの戦略的展開」流通サイエンス研究所を一部修正し作成
出所：『販売士ハンドブック（発展編）』

171

・メディアサンプリング……新聞広告やキャンペーンなどで応募者を募る
　　方法
・個別配布……エリアを決めて，直接家庭に配布する方法（ドア・ツウ・
　　ドア方式）
・ダイレクトメール……対象リストにもとづく郵送などの方法
・クロスサンプリング……既存商品に添付する方法（添付はパックオン，
　　封入はパックインという）
・店内配布……来店客に直接，手渡したり，買物袋に挿入したりする方法
オ：デモンストレーション販売は通称"デモ販"と呼ばれる。小売店のゴンド
　　ラエンドや特設コーナーで，デモンストレーターが新しい機能や新しい使
　　用方法をもつ商品について，実際にそれを使いながら詳しく説明すること
　　で販売する方法である。デモンストレーターは，専門の教育を受けたプロ
　　から一般の主婦や学生のアルバイトまで多様であるので，目標売上高が高
　　い場合には人件費が高くなるものの，プロを採用することが多い。なお，
　　多くの場合，デモンストレーション販売に要する費用はメーカーが負担す
　　ることになっている。

実力養成 問題 購買促進策としてのインストアマーチャンダイジング（Put戦略）の実際(1)

□ 次の文中の〔　〕の部分に，下記の語群のうち最も適当なものを選びなさい。

　インターネットの普及による〔　ア　〕の急増など，さまざまな形態の〔　イ　〕が著しく進展している今日，消費者の購買行動にも大きな変化が現れ始めている。しかし，多くの場合，消費者は自分が気に入った店舗を選択し，そこで商品を購入するという買物行動の基本を放棄するには至らない。たとえば，食料品などの生活必需品は，実際に店舗に行ってから購入する商品を決める"〔　ウ　〕"の確率が非常に高いといわれている。

　したがって，売場での顧客の購買決定の要件を探ることは，小売業にとって重要なマーケティング戦略のベースとなってくる。そこで登場したのが，商品購買力を強化する基本的戦略としての〔　エ　〕である。〔　エ　〕は，チェーンストアを中心として，多くの小売業における〔　オ　〕を担っている。

〈語　群〉
①ワンツーワンマーケティング　　②購買促進機能
③計画的購買　　　　　　　　　　④ネットオークション
⑤インストアマーチャンダイジング　⑥非計画的購買
⑦ダイレクトマーケティング　　　⑧ネット販売
⑨インストアプロモーション　　　⑩販売促進機能

POINT!! 解説

　上文の要旨は次の通りである。「ネット販売の急増などにより，消費者の購買行動は大きく変化しているものの，消費者が自分の気に入った店舗で買物をすること，また店舗に行って購入商品を決めるパターンは何も変わっていない。よって，売場での顧客の購買決定の要件を探ることは重要であるし，そうした背景のもと，インストアマーチャンダイジングが登場した。」

正解　□ ア⑧　□ イ⑦　□ ウ⑥　□ エ⑤　□ オ②

□ 次の文中の〔　〕の部分に，下記の語群のうち最も適当なものを選びなさい。

　基本的な品ぞろえの方法には，〔　ア　〕と〔　イ　〕の2つがある。品ぞろえの〔　ア　〕とは，特定の商品カテゴリー（品種）内でのアイテム（品目）数の多さを意味する。

　品ぞろえの〔　イ　〕とは，商品カテゴリー（品種）数の多さを意味する。たとえば，スーパーマーケット（SM），ホームセンター（HC），〔　ウ　〕などは，主として品ぞろえの広さを追求する店舗形態といえる。

　一方，業種別の〔　エ　〕などは，品ぞろえの〔　ア　〕に自店のアイデンティティを求める店舗形態といえる。

　このように店舗形態を品ぞろえの面から考えると，店舗形態によって売上高を向上させるための方法が異なることがわかる。

　小売店の売上高は，来店客数と客単価の積で表され，両者はそれぞれ利用客数と来店頻度の積，商品単価と〔　オ　〕の積に分解できる。

〈語　群〉
①専門店　　　　　②広さ　　　　　③買上人数
④フランチャイズチェーン　　　　⑤衣料品チェーン
⑥コンビニエンスストア　　　　⑦チェーンストア
⑧深さ　　　　　⑨買上個数
⑩コーポレートチェーン

POINT!! 解説

　次ページの図「品ぞろえの方法と店舗形態との関連」を見てもらいたい。同図は，縦軸に「品ぞろえが深い（品目数が多い）」，横軸に「品ぞろえが広い（品種数が多い）」をとったものである。よって，百貨店は「品ぞろえが深く」かつ「品ぞろえが広い」ことになる。一方，専門店は「品ぞろえが深い」ものの，「品ぞろえは狭い」ことになる。

　ハンドブックにおいて，次図が掲載されている理由は，店舗形態を品ぞろ

図　品ぞろえの方法と店舗形態との関連

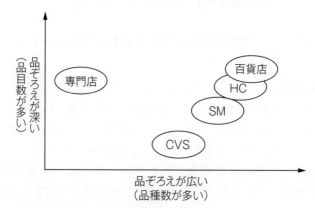

出所：『販売士ハンドブック（発展編）』

えの面から考えると，店舗形態によって売上高を向上させるための方法が異なることがわかるからである。たとえば，専門店のように，「品ぞろえが深い」が，「品ぞろえは狭い」店舗形態と，コンビニエンスストアのように，「品ぞろえは深くない」ものの「品ぞろえは比較的広い」店舗形態とでは，売上高を向上させるための方法が異なるということである。

　小売店の売上高＝来店客数×客単価

　来店客数＝利用客数×来店頻度

　客単価＝商品単価×買上個数

　つまり，小売店の売上高を向上させるためには，「利用客数」「来店頻度」「商品単価」「買上個数」の4つの変数をいかにコントロールするかにかかっている。次ページ以降では，それについて詳細に説明する。

正解　□ ア⑧　□ イ②　□ ウ⑥　□ エ①　□ オ⑨

□ 次の文中の〔　〕の部分にあてはまる最も適当な語句を〔　〕内
に記入しなさい。

　　来店客数は，〔ア．　　　〕と〔イ．　　　〕に分けられる。これ
らと品ぞろえ方法の関係は，一般に品ぞろえが深い（〔ウ．　　　〕
が多い）ほど商圏が広く（〔ア．　　　〕が多く），品ぞろえが広い
（〔エ．　　　〕が多く）ほど〔オ．　　　〕が多い。

　　品ぞろえが深いほど商圏が広いということは，家電量販店，
書籍スーパーストアなど，単一の商品カテゴリーで多くのアイ
テムを品ぞろえしている店舗の商圏の広さで説明できる。

　　また，多くのカテゴリー（品種）を販売している品ぞろえの広
い店舗ほど，利用客の〔イ．　　　〕は高くなる。たとえば，魚だけ
を扱う店舗よりも，肉も魚も野菜も扱う店舗のほうが〔イ．　　　〕
は高くなる。

POINT!! ≫ 解説

　まず，前問で説明した，売上高に影響を及ぼす4つの変数の関係を整理す
ると，図1「売上高の規定要因」となる。

図1　売上高の規定要因

出所：『販売士ハンドブック（発展編）』

第1章

第2章

第3章

第4章

第5章

模擬テスト

図1に示されているように，来店客数は利用客数と来店頻度の積であるので，次式が成立する。

来店客数＝利用客数×来店頻度

次に，図2「品ぞろえの深さと（特定の店舗への買物出向の意向を持つ消費者の居住地）距離との関係」を見てもらいたい。

品ぞろえの深さが「浅い」場合には，「ごく近所」の顧客だけが来店することになるが，品ぞろえの深さが「深い」場合には，「非常に遠方」の顧客も来店することになる。つまり，一般に品ぞろえが深いほど商圏は広くなり，利用客数が多くなる。したがって，〔　ア　〕には「利用客数」が入る。

図2　品ぞろえの深さと（特定の店舗への買物出向の意向を持つ消費者の居住地の）距離との関係

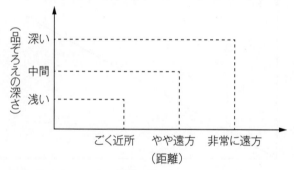

出所：『販売士ハンドブック（発展編）』

図3「品ぞろえの広さと消費者の買物出向の可能性との関係」を見てもらいたい。

図3　品ぞろえの広さと消費者の買物出向の可能性との関係

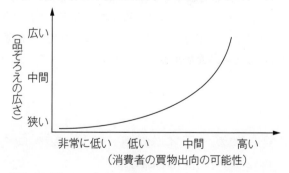

出所：『販売士ハンドブック（発展編）』

品ぞろえの広さが「狭い」場合には，消費者の買物出向の可能性は「非常に低い」ものとなるが，品ぞろえの広さが「広い」場合には，消費者の買物出向の可能性は「高い」ものとなる。つまり，一般に品ぞろえが広いほど「来店頻度」は高いものとなる。したがって，〔　イ　〕には「来店頻度」が入る。

　以上より，品ぞろえが深いほど利用客数は多くなり，品ぞろえが広いほど来店頻度は高くなる。では，品ぞろえの広さと利用客数の関係はどうであろうか。下図に示したように，品ぞろえの広さが「広く」なるほど，利用客数は多くなる。ただ，直線の傾きは立地などにより異なるし，直線が若干曲線になることもある。したがって，品ぞろえが広いほど，利用客数は多くなり，来店頻度も高くなることから，来店客数は多くなるので，〔　オ　〕には「来店客数」が入る。

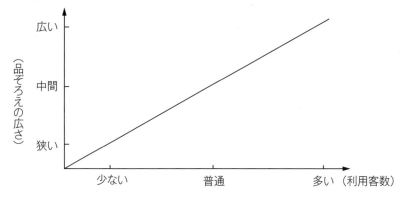

　なお，品ぞろえの深さ（奥行）とは，特定の商品カテゴリー（品種）内での品目（アイテム）数の多さを意味するので，品ぞろえが深いことは品目数が多いことである。よって，〔　ウ　〕には「品目数（アイテム数）」が入る。

　品ぞろえの広さとは，商品カテゴリー（品種）数の多さを意味するので，品ぞろえが広いことは品種数が多いことである。よって，〔　エ　〕には「品種数」が入る。

正解　□ ア 利用客数　　□ イ 来店頻度　　□ ウ 品目数（アイテム数）
　　　　　□ エ 品種数　　　□ オ 来店客数

第1章

第2章

第3章

第4章

第5章

模擬テスト

実力養成問題

購買促進策としてのインストアマーチャンダイジング（Put戦略）の実際(4)
ISMの実行手段としてのスペースマネジメント(3)

□ 次の文中の〔　〕の部分にあてはまる最も適当な語句を〔　〕内に記入しなさい。

　客単価という場合，通常，「〔ア．　　〕」の意味で使われている。つまり，顧客が小売店に来店し，1回当たりに買い上げる金額の平均値である。〔ア．　　〕は，〔イ．　　〕を買い上げた〔ウ．　　〕で割って求める。

　〔ア．　　〕は，1人の顧客が購買する〔エ．　　〕と1品当たりの〔オ．　　〕を掛けることによって求めることができる。

POINT!! 解説

　再度，P176の図1「売上高の規定要因」を見てもらいたい。この図から，次式が成立することになった。

　　客単価＝商品単価×買上個数（点数）

　上記の問題文は，「客単価＝商品単価×買上個数（点数）」に関する記述である。

　〔ア〕には，「1人当たり平均客購買単価」が入る。一般に，「客単価」というが，これをていねいに，正確にいえば「1人当たり平均客購買単価」となる。

　たとえば，売上高が500,000円で，客数が250人の場合，客単価すなわち1人当たり平均客購買単価は，500,000 ÷ 250 ＝ 2,000（円）となる。よって，〔イ〕には「売上高」，〔ウ〕には「客数」が入る。

　客単価は，次式によっても求めることができる。

　　客単価＝1人の顧客が購買する平均の買上個数（点数）×1品当たりの平均単価

　たとえば，1人当たりの平均買上個数が10個で，1品当たりの平均単価が1,200円のとき，客単価＝10 × 1,200 ＝ 12,000（円）となる。よって，〔エ〕には「平均の買上個数（点数）」，〔オ〕には「平均（購買）単価」が入る。

正 解
　□ ア 1人当たり平均客購買単価　　□ イ 売上高　　□ ウ 客数
　□ エ 平均の買上個数（点数）　　□ オ 平均（購買）単価

□ 次の文中の〔 〕の部分にあてはまる最も適当な語句を〔 〕内に記入しなさい。

　一般に,〔ア.　　　〕の低い商品が中心となっている店舗は品ぞろえが〔イ.　　　〕,〔ア.　　　〕の高い商品が中心となっている店舗では〔ウ.　　　〕品ぞろえとなっている。これは,〔ア.　　　〕の〔エ.　　　〕商品を増やす方向で,品ぞろえを深くするのが原則と考えるからである。

　また,通常は,品ぞろえが広いほど商品の〔オ.　　　〕が〔カ.　　　〕なると考えられる。肉屋,魚屋などの専門店(専業店)よりも,スーパーマーケットのほうが1回当たりの〔オ.　　　〕が〔カ.　　　〕なるのが一般的である。

　このように,売上高を規定する「客数および客単価」は,品ぞろえの方法に大きな影響を受けている。品ぞろえの深さは,主に,利用客数,〔ア.　　　〕に影響し,客数,客単価を左右する。一方,品ぞろえの広さは,主として,来店頻度,〔オ.　　　〕に影響し,客数,客単価を規定している。

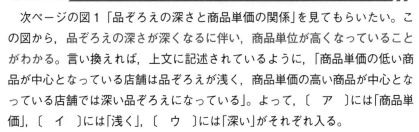

POINT!! 解説

　次ページの図1「品ぞろえの深さと商品単価の関係」を見てもらいたい。この図から,品ぞろえの深さが深くなるに伴い,商品単位が高くなっていることがわかる。言い換えれば,上文に記述されているように,「商品単価の低い商品が中心となっている店舗は品ぞろえが浅く,商品単価の高い商品が中心となっている店舗では深い品ぞろえになっている」。よって,〔ア〕には「商品単価」,〔イ〕には「浅く」,〔ウ〕には「深い」がそれぞれ入る。

　また,「商品単価の高い商品が中心となっている店舗では深い品ぞろえになっている」ということは,別言すれば,商品単価の高い商品を増やすためには,品ぞろえを深くする必要があるということである。よって,〔エ〕には「高い」が入る。

図1　品ぞろえの深さと商品単価の関係

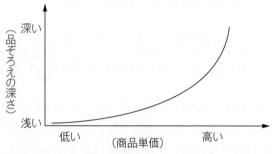

出所：『販売士ハンドブック（発展編）』

　図2「品ぞろえの広さと買上個数の関係」を見てもらいたい。この図から，品ぞろえの広さが広くなるに伴い，買上個数が多くなっていることがわかる。よって，〔　オ　〕には「買上個数」，〔　カ　〕には「多く」が入る。

図2　品ぞろえの広さと買上個数の関係

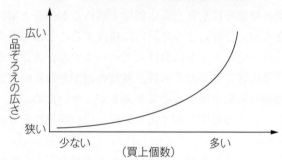

出所：『販売士ハンドブック（発展編）』

　以上から，P183の図「売上高の規定要因と品ぞろえ方法の関係」に示されているように，次の2つのことがいえる。

　（1）品ぞろえの深さは，「利用客数」と「商品単価」に影響を及ぼすことで，来店客数と客単価を左右していること。

　（2）品ぞろえの広さは，「来店頻度」と「買上個数」に影響を及ぼすことで，来店客数と客単価を左右していること。

正解　□ **ア** 商品単価　□ **イ** 浅く　□ **ウ** 深い
　　　　　□ **エ** 高い　□ **オ** 買上個数　□ **カ** 多く

第1章
第2章
第3章
第4章
第5章
模擬テスト

□ 次のア〜オは，店舗形態による売上向上戦略の違い，スーパーマーケットにおけるスペースマネジメントに関する記述である。正しいものには1を，誤っているものには2を記入しなさい。

ア　専門店に代表されるような，品ぞろえの深さを追求する店舗形態では，商圏の拡大(利用客数の増加)を通じて客数増加をはかり，買上個数の増加により客単価を向上させることが主たる戦略となる。

イ　百貨店やホームセンターなどのように品ぞろえの広さを追求する店舗形態では，来店頻度の向上策を強化することにより客数増加を実現し，商品単価の引上げによって客単価の増大を企図することが主たる戦略となる。

ウ　品ぞろえの広さを訴求するスーパーマーケットでは，いかに買上個数の増加をはかり，来店頻度を高めるかが売上増加のポイントとなるが，これら2つを同時に達成することはできない。

エ　スーパーマーケットにおけるスペースマネジメントを考える際には，来店客1人当たりの買上個数の増加をねらいとして，売上高と利益の増加をはかる必要があるが，そのためには，スペースマネジメントの原則を踏まえて，商品間の関連性を考慮しなければならない。

オ　商品間の関連性を考えた場合，ある商品の売上高がほかの商品の売上を誘発し，利益を創出する可能性も考える必要があるが，そのためには，ある商品の売上高がほかの商品の売上高に与える影響力を計数化し，そのうえでそれぞれの商品のカテゴリーの限界生産性を求める必要がある。

第1章

第2章

第3章

第4章

第5章

模擬テスト

POINT!! ▶ 解説

図 売上高の規定要因と品ぞろえ方法の関係

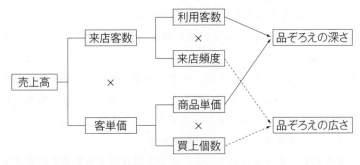

出所：『販売士ハンドブック（発展編）』

ア：上図を見てもらいたい。「品ぞろえの深さ」と「利用客数」「商品単価」とが結ばれている。

　よって，品ぞろえの深さを追求する店舗形態の場合，商圏の拡大（利用客数の増加）を通じて客数増加をはかり，商品単価の引上げにより客単価の増大をはかることを主たる戦略としている。

イ：上図において，「品ぞろえの広さ」と「来店頻度」「買上個数」とが結ばれている。

　よって，品ぞろえの広さを追求する店舗形態の場合，来店頻度の向上策を強化することにより客数増加を実現し，買上個数の増加により客単価を向上させることを主たる戦略としている。

ウ：ハンドブックはこれに関して，「たとえば，一度に多くのものを購入するということを，特定の商品の買いだめをするという意味で捉えれば，来店頻度の減少につながる。ところが，より多くの種類の商品を購入するという意味で捉えれば，これは，来店頻度を高めることとなる。肉だけを扱う店舗よりも，肉も魚も野菜も扱う店舗のほうが顧客の来店頻度は高くなるはずである。したがって，これらを同時に達成することを企図すれば，来店1回当たりの買上個数の増加をはかり，来店頻度の上昇につなげるというステップが考えられる」と述べている。

　つまり，「買上個数の増加をはかること」と「来店頻度を高めること」とは一見，二律背反的に捉えられがちではあるものの，"買上個数の増加"

を"より多くの種類の商品を購入する"という意味で捉えれば，これは"来店頻度を高めること"になるので，この2つの項目の同時達成は可能である，と述べている。

　また，「来店1回当たりの買上個数が多いということは，ワンストップショッピングが実現されていると考えられ，顧客にとって利便性が高まる」とも述べている。

エ：スペースマネジメントとは，一定の売場スペースにおいて，顧客の1回当たりの購買単価を引き上げることにより，売上と利益の最大化をはかる店頭技術である。なお，スペースマネジメントは，フロアレイアウトとスケマティックプラノグラムに分類される。

オ：ある商品の売上高がほかの商品の売上高に与える影響を計数化することを「波及効果計数」という。

　限界生産性とは，生産要素の投入量を1単位増加したとき，生産量がどれだけ増加するかを示したものである。「限界」という用語は経済学の頻出用語の1つで，「追加的」という意味である。ハンドブックは「ROI（投下資本利益率）の最大化のためには，基本的には商品カテゴリー（または商品アイテム）ごとの限界生産性を等しくする」と述べているが，この文の意味は，ROIを最大化するためには，それぞれの商品カテゴリーの限界生産性を等しくしなければならないということ。ただ，ROIの場合，投下資本と利益の関係であるので，投下資本を1単位増加したとき，利益額がどれだけ増加するか，ということになる。

　それぞれの商品カテゴリーの限界生産性を等しくするとは，次のようなことをいう。たとえば，A，B，Cの3つの商品カテゴリーがあるとする。そして，A，B，Cの3つのカテゴリーに投下資本をa万円，b万円，c万円増加し，その結果，各カテゴリーの利益額が△A，△B，△C増加したとする。各商品カテゴリーの限界生産性が等しいとは，次式が成立することをいう。

$$\frac{\triangle A}{\triangle a} = \frac{\triangle B}{\triangle b} = \frac{\triangle C}{\triangle c}$$

実力養成問題 購買促進策としてのインストアマーチャンダイジング（Put戦略）の実際(7)
スペースマネジメントにおけるROIの算定方法

□ 次の文中の〔　〕の部分に，下記の語群のうち最も適当なものを選びなさい。

・ROIは通常は次の式で表す。

$$ROI = \frac{〔　ア　〕}{〔　イ　〕} \quad \cdots\cdots (1)$$

・上式(1)にもとづき，店舗レベルでのROIを算出するために，ROIを次のように定義する。

$$ROI = \frac{店舗営業利益}{売場スペース×単位スペース当たり資産価値} \quad \cdots\cdots (2)$$

・ROIを向上させる手段にはどのようなものがあるかをみるため，上式(2)を次のように定義する。

$$ROI = \frac{売上高×（売上高総利益率－売上高総費用率）}{売場資産価値} \quad \cdots\cdots (3)$$

上式(3)から，ROIを向上させるためには，次のように4つの変数をコントロールし，運用面での改善をはかればよいことがわかる。

（Ⅰ）売上高総利益率を上げるため，〔　ウ　〕を改善する
（Ⅱ）売上高総費用率を下げるため，〔　エ　〕を改善する
（Ⅲ）売上高を増加するため，〔　オ　〕を改善する
（Ⅳ）売場資産価値を下げるため，〔　カ　〕を見直す

〈語群〉
①ストアオペレーション　②純利益
③投下資本　④インストアプロモーション
⑤マーチャンダイジング　⑥店舗規模
⑦運転資本　⑧チェーンオペレーション
⑨フロアロケーション　⑩テナントミックス

アとイ：ハンドブックは，ROI が注目されることになった背景について，「従来，「どの程度の資本を投下したときに，どの程度のリターンが得られるか」という考え方を経営に活用してきた小売業は少なかった。しかし，低成長経済が浸透した今日では，これまでに蓄積した資本をいかに運用するかが小売業の重要な課題となっている。このような課題に対応していくための経営指標の 1 つに"ROI"がある」と述べている。

$$ROI = \frac{純利益}{投下資本} \quad \cdots\cdots (1)$$

投下資本とは投資額のことで，たとえば 3,000 万円投資して，1 年後に純利益が 6,000 万円になったとき，

$$ROI = \frac{純利益}{投下資本} = \frac{6,000}{3,000} = 2.0$$

通常，ROI は％で表すので，

$$ROI = \frac{6,000}{3,000} \times 100 = 200 \ (\%)$$

なお，ROI が 100％下回ると，そのビジネスは赤字になる可能性が高いことになる。

よって，〔 ア 〕には「純利益」，〔 イ 〕には「投下資本」が入る。

従来，"いくら投資をして，いくら利益が出るか"という考え方は企業単位，部門単位，商品カテゴリー単位で適用されていたが，最近はアイテム単位でも適用されるようになっており，店舗の業績を緻密にはかる指標として ROI が活用されている。

$$ROI = \frac{純利益}{投下資本} \ を店舗レベルに書き換えると，$$

純利益は「店舗の営業利益」，投下資本は「店舗の資産価値」とみなすことができる。また，店舗の資産価値は，「売場スペース×単位スペース当たり資産価値」と書き換えることができるので，次式が成立する。

$$ROI = \frac{店舗の営業利益}{売場スペース×単位スペース当たり資産価値} \quad \cdots\cdots (2)$$

ハンドブックは，"どうすればROIが向上するかを容易に把握する"ため，前をさらに次のように書き換えている。

$$ROI = \frac{売上高 \times (売上高総利益率 - 売上高総費用率)}{売場資産価値} \quad \cdots\cdots (3)$$

純利益 ≒｛売上高×（売上高総利益率－売上高総費用率）｝であるが，「売上高×（売上高総利益率－売上高総費用率）」と表すことで，投下資本からどれだけの利益が出たかを把握できるとともに，ROIを向上させるための手段がわかりやすくなる。

（売場スペース×単位スペース当たり資産価値）≒売場資産価値

なぜなら，単位スペース当たり資産価値の中には，売場の価値だけではなく，店舗事務所や駐車場など，売場以外の店舗施設のコストが含まれている。店舗における唯一の経営資源は売場であるので，それがどれくらいの資産価値を有し，そこからどれだけの利益を出しているかをみるためには，「売場資産価値」とする必要がある。ただ，投下資本は固定資産のほかに，商品在庫などの流動資産もある。しかし，ROIをコントロールする変数を売場（スペース）と純利益に限定したほうがROIを向上させるための手段がわかりやすくなることから，商品在庫については取り扱わないで，ここでは対象外とした。

上式(3)には，4つの変数，すなわち，「売上高」「売上高総利益率」「売上高総費用率」「売場資産価値」がある。

ROIを向上させるためには，「売上高」と「売上高総利益率」は（↗）させなければならない。反対に，「売上高総費用率」と「売場資産価値」は（↘）しなければならない。

・売上高を増加させるためには，インストアプロモーションの改善が必要となる。
・売上高総利益率を上昇させるためには，マーチャンダイジングの改善が必要となる。
・売上高総費用率を低下させるためには，ストアオペレーションの改善が必要となる。
・売場資産価値を下げるためには，店舗規模の見直しが必要となる。

したがって，〔　ウ　〕には「マーチャンダイジング」，〔　エ　〕には「ストアオペレーション」，〔　オ　〕には「インストアプロモーション」，〔　カ　〕には「店舗規模」が入ることになる。

なお，ハンドブックには，下図が掲載されている。下図は次のことを示している。

①は，リニューアル，アップグレードを行うと，投下資本は増加するものの，売上高は増加し，純利益率も上昇する。

②は，プロモーションを行うと，売上高は増加するものの，総利益率は低下し，総費用率は上昇する。投下資本の増減は生じない。

③は，スペースマネジメントを行うと，売上高は増加し，純利益率も上昇する。投下資本の増減は生じない。

図　ROI向上のための方策

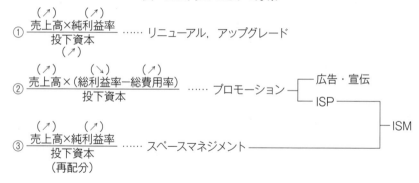

注）ISP：インストアプロモーション，ISM：インストアマーチャンダイジング
出所：『販売士ハンドブック（発展編）』

上図からわかるように，スペースマネジメントについては，新たな資本の投下も必要ないし，新たに費用の追加も必要ないので，ROI を向上させる際には，スペースマネジメントによる既存の経営資源の有効活用を優先させるべきといえる。

正解　□ ア② 　□ イ③ 　□ ウ⑤ 　□ エ① 　□ オ④ 　□ カ⑥

実力養成 問題　購買促進策としてのインストアマーチャンダイジング（Put戦略）の実際⑧
商品カテゴリー別・アイテム別ROIの測定

□ 次の文中の〔　〕の部分にあてはまる最も適当な語句を〔　〕内に記入しなさい。

　スペースマネジメントは，ROIの向上を目的として売場の再配分，再配置を行う基本的戦略であり，スペースマネジメントの視点から大別すると，「〔ア.　　　〕」と「〔イ.　　　〕」に分けられる。
　〔ア.　　　〕とは，構成した各商品カテゴリーをどの売場にどれだけ割り当てるかという"〔ウ.　　〕の分配手法"である。
　一方，〔イ.　　　〕とは，コンピュータシステムを駆使して，スペース（カテゴリー）単位で，必要とする商品アイテムの売場配置を予測・決定・修正する技術である。つまり，棚（ゴンドラ）などの一定スペース（カテゴリー）を単位とした"〔エ.　　〕の分配手法"であり，最終的には〔オ.　　〕レベルに分解する。

POINT!! 解説

　上文の最初に，「スペースマネジメントは，ROIの向上を目的として売場の再配分，再配置を行う基本戦略であり」というように，スペースマネジメントの定義がなされている。つまり，スペースマネジメントとは，ROIを最大化するために売場の再配分，再配置を行うものである。
　売場の再配分とはフロアレイアウトのことであり，これにより，どの売場にどれだけの商品カテゴリーを割り当てるかが決まる。すなわち，フロアレイアウトは"品種の分配手法"である。
　売場の再配置とはスケマティックプログラムのことであり，これにより，カテゴリー単位で，アイテムの売場配置が決定されることになる。すなわち，スケマティックプログラムは"品目の分配手法"である。

正解　□ ア フロアレイアウト　　□ イ スケマティックプログラム
　　　　　□ ウ 品種　　　　　□ エ 品目　　　□ オ 単品（SKU）

第1章
第2章
第3章
第4章
第5章
模擬テスト

□ 次のア〜オの記述に関して, 正しいものには 1 を, 誤っているものには 2 を記入しなさい。

ア　売場の販売力は, その売場の前を通過する客数, もしくは立寄客数という"量"の観点と, どのような心理過程の顧客が通るかという"質"の観点の 2 つから把握する必要がある。

イ　A という商品カテゴリーを 2 つの売場に別々に陳列し, 商品以外の他の条件が変わらないとき, 通過客数 200 人の売場の販売力は 100 人の売場のそれよりも高いものとなる。

ウ　ある売場に商品カテゴリー A を陳列した場合と, 商品カテゴリー B を陳列した場合, 同じ売場であっても陳列する商品によって通過客数や立寄客数が変わってくるが, この違いも売場の販売力によるものである。

エ　売場の前を買物意欲が旺盛な客が通るか, あるいは, 買物を終えてレジや出口に向かう途中でたまたま通った客なのかなど, いわゆるどのような心理過程の顧客が売場の前を通るかという客質も, 販売力を規定する大きな要因となる。

オ　各商品カテゴリーの限界生産性が等しくなるように売場資源を配分することによって, 店舗レベルでの ROI の最大化を目的としたフロアレイアウトの最適化が実現できる。

POINT!! 解説

ア：売場の販売力を把握する場合, 通過客数や立寄客数という"量"の観点のほかに, 顧客がどのような心理過程で売場を通るかという"質"の観点をも考慮する必要があるということである。

イ："量"についての記述である。A という商品カテゴリーを, X という売場と Y という売場に陳列したとき, X の売場の通過客数は 200 人, Y の売場の通過客数は 100 人であったとき, X の売場の販売力は Y の売場の販売力の 2 倍ということになる。よって, X の売場の資産価値は Y の売場のそれの 2 倍となると考えられる。

ウ：これも"量"についての記述である。Xの売場に，商品カテゴリーAを陳列したとき，通過客数は200人であった。同じくXの売場に，商品カテゴリーBを陳列したとき，通過客数は300人であった。この両者の違い，すなわち通過客数の違いは売場の販売力によるものではない。なぜなら，売場はともにXであるので，売場の販売力は同じである。よって，この違いは，商品カテゴリーAと商品カテゴリーBの商品力の違いといえる。

エ："質"についての記述である。買物意欲が旺盛な客が売場の前を通過，あるいは立ち寄った場合には，そこに陳列されている商品が売れる可能性は高い。反対に，買物を終えてレジや出口に向かう途中でたまたま通った客の場合，買物意欲が小さいので，商品が売れる可能性は低い。つまり，陳列されている商品の力は同じであっても，売場の前をどのような心理過程の客が通るかという客質によって販売力は異なるものとなる。したがって，客質は販売力を規定する大きな要因となる。

オ：店舗レベルでのROIの最大化を実現するためには，各商品カテゴリーの限界生産性が等しくなるように売場資源の配分，すなわちフロアレイアウトの最適化を行う必要がある。

　そのためには，通過客数の量と質から，各売場の販売力を把握し，それを売場販売力指数で表す必要がある。これにより，次式の商品カテゴリー別ROIの計算式を導くことができる。

商品カテゴリー別ROI

$$= \frac{純利益}{売場スペース \times 店平均スペース当たり売場資産価値 \times 売場販売力指数}$$

正解　□ ア 1　□ イ 1　□ ウ 2　□ エ 1　□ オ 1

□ 次の文中の〔　〕の部分にあてはまる最も適当な語句を〔　〕内に記入しなさい。

・スケマティックプラノグラムは一般に"プラノグラム"と呼ばれていて，カテゴリーマネジメントを推進する購買促進技術としての〔ア.　　〕の一環として行われるゴンドラ（カテゴリー）ごとの〔イ.　　〕の〔ウ.　　〕手法である。
・プラノグラムはある商品カテゴリーにおける〔イ.　　〕の〔エ.　　〕を戦略的に決定することで，それぞれの〔オ.　　〕を予測し，その商品カテゴリー全体の〔オ.　　〕と〔カ.　　〕を最大限に引き上げるための〔キ.　　〕として機能する。つまり，〔ク.　　〕を前提とした商品の配置を企画して，売場を活性化する役割を担っているのがプラノグラムである。

POINT!! 解説

ア〜ウ：〔　ア　〕には「スペースマネジメント」，〔　イ　〕には「単品」，〔　ウ　〕には「ディスプレイ」が入る。スケマティックプラノグラムの関連重要語はいくつかあるが，最初に「スペースマネジメントの一環」，「カテゴリーごとの単品のディスプレイ方法」を覚えておこう。各カテゴリーにおいて単品を効果的にディスプレイすることがポイントである。

オ〜キ：「それぞれの売上高を予測し，そのカテゴリー全体の売上高と利益を最大限に引き上げるための需要予測型棚割システム」の箇所がポイントである。つまり，単なる「棚割」ではなく，「需要予測型」であること，そして売上高と利益の最大化を目的としていることである。

正解	□ ア スペースマネジメント	□ イ 単品	□ ウ ディスプレイ
	□ エ 陳列位置	□ オ 売上高	□ カ 利益
	□ キ 需要予測型棚割システム	□ ク 需要予測	

実力養成問題

購買促進策としてのインストアマーチャンダイジング（Put戦略）の実際⑾
スケマティックプラノグラムの実務

□ 次のア〜オの記述について，正しいものには1を，誤っているものには2を記入しなさい。

ア　スケマティックプラノグラムの作成においては，品種特性や商品の形状などを考慮に入れて，品ぞろえ基準，陳列形態，グルーピング，ゴンドラゾーニングなどの検討を行い，特定した品種ごとの売上高と利益の最大化をはかる。

イ　品ぞろえ基準は，ABC分析によりCクラス商品をカットし，その分だけBクラス商品の拡大をはかることになるが，競争店との差異化を表現するため，品種ごとの単品の改廃を行う。

ウ　陳列形態は，調理方法，生活シーン，用途などの考え方によって構成（グルーピング）された商品群が1つの売場でまとまっていることが重要であるとともに，品種ごとの品目（ブランド）構成，PB商品の位置づけなどによって，視覚に訴えかける品ぞろえの検討も必要である。

エ　グルーピングは，ゴンドラ単位での単品位置を顧客の立場（購買行動）から考えたとき，用途別，形態別，ブランド別など基準はいろいろあるものの，1つの基準によってまとめることがポイントとなる。

オ　ゴンドラごとの大まかな商品配置の基本原則の1つは，売上の大きい単品を顧客の目線または手線（腰線）に配置し，成長性の高い単品についてはそれらの上部に配置する。

スケマティックプラノグラムは通常，商品の回転率から売場の在庫量やフェイス数を割り出し，ゴンドラ什器などの目線の位置に商品回転率や粗利益率の高い商品を配置することで，特定した品種ごとの売上高と利益の最大化をはかるものである。

ア：スケマティックプラノグラムの作成においては，品ぞろえ基準，陳列形態，グルーピング，ゴンドラゾーニングなどの検討を行うことになる。

イ：品種内の品ぞろえを行う際，まずABC分析によりCクラス商品をカットし，その分，Aクラス商品の拡大を行うことになる。

　また，品種ごとの単品の改廃は，対象となる品種の売場がフロア全体の中でどのように位置づけられているか，そして競争店との差別化をいかに顧客にわかりやすく表現するかの2つの視点から行う。

ウ：調理方法，生活シーン，用途などの考え方によって構成された商品群が1つの売場でまとまっていることが重要であるが，その売場を顧客が見たとき，ほかの売場とは表現した商品構成が明らかに違って見えるようにすることもポイントである。

エ：グルーピングとは，商品をある基準で分類し，まとまりのあるものをつくることをいう。顧客の視点からグルーピングの基準としては，次のものが挙げられる。

　　・買いたい商品が探しやすい

　　・使用目的に応じて，比較しながら選択できる

　　・関連商品に気がつき，買い忘れをしない

オ：目線の上部の位置は，商品が"見えにくい"位置となる。よって，成長性の高い単品は，目線または手線（腰線）の中央部に配置する必要がある。

　ハンドブックは，ゴンドラごとの大まかな商品配置の基本原則として，このほかに，次のものを挙げている。

　　・関連性の高い単品を隣接させる。

　　・パッケージの類似した単品を，違いを認識させるために切り離す。

　　・売上予測により，その単品の構成比とスペースを一致させた面積割りにする。

　　・成熟度の低い単品，競争店との差異化商品などについては，目立つよ

うな一定のスペースを確保する。
・シリーズものなどのように，同一のグループに入るブランドは，基本的に水平に配置する。
・容量違いの同一ブランドは，上下に配置する。

図　スケマティックプラノグラム活用によるゴンドラ販売力の構成要素

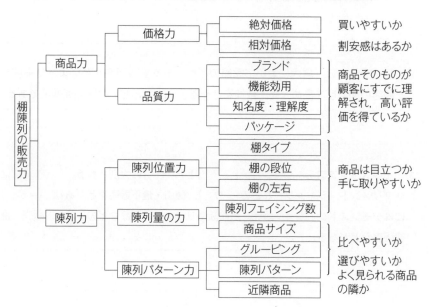

出典：『VP（ビジュアル・プレゼンテーション）がわかる本』モード学園出版局
出所：『販売士ハンドブック（発展編）』

第1章

第2章

第3章

第4章

第5章

模擬テスト

正解　□ ア 1 　□ イ 2 　□ ウ 1 　□ エ 1 　□ オ 2

次の各問の〔　　〕の部分にあてはまる最も適当な語句・短文を記入しなさい。

① 小売業の場合，マーケティングにおける４Ｐ理論の１つであるプロモーションは，一定の地域を対象とする〔　　〕と位置づけて展開する。

② 〔　ア　〕とは，店内において季節のイベントや実演販売などによって来店した顧客の関心度を高め，売上増加をはかる〔　イ　〕としての販売促進策である。

ア	イ

③ インストアプロモーションは，〔　ア　〕と〔　イ　〕に大別される。〔　ア　〕にはサプリメント，シャンプーなどの〔　ウ　〕，値引・値下販売などがあり，〔　イ　〕にはデモンストレーション販売，肌診断やリフォーム相談などの〔　エ　〕販売，推奨販売などがある。

ア	イ

ウ	エ

④ 〔　　〕は，商品を効率的な方法で店頭にディスプレイなどすることにより，商品の購買力を強化するための諸活動のことで，多くの小売業における購買促進機能を担っている。

⑤ インターネットの普及により〔　ア　〕の急増など，さまざまな形態の〔　イ　〕マーケティングが今日著しく進展しているものの，依然，多くの消費者は自分の気に入った店舗で商品を購入するという基本的な買物行動は堅持している。

記述式穴埋問題（1）

第1章

第2章

第3章

第4章

第5章

模擬テスト

ア	イ

⑥　インストアマーチャンダイジングの中心的テーマには，「定番商品の〔　ア　〕を従前よりも向上させる棚割の企画・検討」「〔　イ　〕やプロモーションスペースの〔　ア　〕を高めるような企画テーマの設定や〔　ウ　〕」などがある。

ア	イ
	ウ

⑦　〔　　〕とは，商品の陳列位置や陳列量などを意図的にコントロールすることで，一定の売場スペースにおいて売上高と利益の最大化をはかる購買促進策である。

⑧　小売店の売上高は，〔　ア　〕と〔　イ　〕の積で表され，前者は〔　ウ　〕と来店頻度の積，後者は〔　エ　〕と買上個数の積に，それぞれ分解できる。

ア	イ
ウ	エ

⑨　売上高が1,000,000円で，客単価が2,000円の場合，売上高を1,200,000円に引き上げるためには，客数を〔　　〕人増加させる必要がある。ただし，客単価は変わらないものとする。

⑩　ある小売店の売上高は1,800,000円，客数は480人，売上総個数（点数）は1,200個であった。このとき，1人当たりの平均買上個数（点数）は〔　ア　〕個，1品当たりの平均単価は〔　イ　〕円，1人当たりの平均客単価は〔　ウ　〕円である。

ア	イ
	ウ

⑪ 〔 ア 〕とは，特定の商品カテゴリー（品種）内でのアイテム（品目）数の多
さを意味する。〔 イ 〕とは，商品カテゴリー（品種）数の多さを意味する。
　また，〔 ア 〕は主に，利用客数，〔 ウ 〕に影響し，客数，客単価を左右
する。一方，〔 イ 〕は主に，来店頻度，〔 エ 〕に影響し，客数，客単価を
規定している。

ア	イ
ウ	エ

⑫ 2,000万円投資して，1年後に5,000万円の純利益が出たとき，ROIは
〔　　〕％となる。

⑬ ROIを向上させるためにプロモーションを実施すると，売上高は増加する
ものの，〔 ア 〕は上昇し，総利益率は低下する。〔 イ 〕については増減
は生じない。

ア	イ

⑭ スペースマネジメントは，〔 ア 〕と〔 イ 〕に大別される。〔 ア 〕とは，
各商品カテゴリーをどの売場にどれだけ割り当てるかという"〔 ウ 〕の分配
手法"である。一方，〔 イ 〕とは，棚（ゴンドラ）などの一定スペース（カテ
ゴリー）を単位とした"〔 エ 〕の分配手法"で，最終的には単品（SKU）レベル
に分解する。

ア	イ
ウ	エ

⑮　通過客数，もしくは立寄客数の多い売場が，そのまま〔　ア　〕の高い売場
ではない。客数は，売場の位置や広さなど〔　イ　〕と，売場にどのような商
品が陳列されているかという理由などによっても増減することになる。

ア	イ

⑯　スケマティックプラノグラムは，一般に〔　ア　〕と呼ばれている。〔　ア　〕
とは，カテゴリーマネジメントを推進する購買促進技術としての〔　イ　〕の
一環として行われるゴンドラ（カテゴリー）ごとの単品のディスプレイ手法で
ある。

ア	イ

⑰　スケマティックプラノグラムは，ある商品カテゴリーにおける単品の陳
列位置を戦略的に決定することで，それぞれの売上高を予測し，その商品
カテゴリー全体の売上高と利益を最大限に引き上げるための〔　　〕として
機能する。

第1章

第2章

第3章

第4章

第5章

模擬テスト

① リージョナルプロモーション

　　解説 リージョナルプロモーションは，「アトラクティブプロモーション」「インストアプロモーション」「インストアマーチャンダイジング」の３つから構成される。

② アーインストアプロモーション　　イープッシュ戦略

　　解説 インストアプロモーションの主な目的は“売上高の増加”であるので，多面的な仕掛けが必要となる。

③ アー非人的販売促進　　イー人的販売促進

　　ウーサンプリング　　エーカウンセリング

　　解説 人的販売は販売員が商品を売るために直接顧客に接するため，その成否が購買決定などに大きな影響を及ぼすことになる。

④ インストアマーチャンダイジング

　　解説 インストアプロモーションが売上増加をはかるプッシュ戦略としての販売促進策であるのに対して，インストアマーチャンダイジングは売上増加をはかるプット戦略としての購買促進策である。

⑤ アーネット販売　　イーダイレクト

　　解説 これに関して，ハンドブックは，「食料品などの生活必需品は，実際に店舗に行ってから購入する商品を決める“非計画的購買”の確率が高いといわれている」と述べている。よって，「非計画的購買」という用語は覚えておきたい。

⑥ アー売場生産性(販売効率)　　イーエンドスペース

　　ウーディスプレイ

　　解説 ハンドブックはこれらのほかに，「店内の各売場への立寄率の向上によるフロアマネジメントの推進」を挙げている。

⑦ スペースマネジメント

　　解説 ハンドブックは，スペースマネジメントについて，「具体的には，ROI（投下資本利益率）の向上を目的として売場の再配分，再配置を行う中で，商品のディスプレイ技術を高度化する方法である」とも述べている。

⑧アー来店客数　イー客単価
　ウー利用客数　エー商品単価

　解説 したがって，売上高の増加を達成するためには，これら4つの変数のうちのどれか，あるいは複数の増加をはかればよいことになる。

⑨100

　解説 売上高が1,000,000円で，客単価が2,000円であるので，客数は次式から求められる。1,000,000 ÷ 2,000 = 500（人）

　客単価2,000円をそのままにして，売上高を1,200,000円に引き上げるために必要な客数は次式から求められる。1,200,000 ÷ 2,000 = 600（人）。したがって，求めるものは，600 − 500 = 100（人）

⑩アー2.5　イー1,500　ウー3,750

　解説 ア：客数が480人，売上総個数(点数)が1,200個であるので，1人当たり平均買上個数(点数)は，1,200 ÷ 480 = 2.5（個）

　イ：売上高が1,800,000円，売上総個数(点数)が1,200個であるので，1品当たりの平均単価は，1,800,000 ÷ 1,200 = 1,500（個）

　ウ：売上高が1,800,000円，客数が480人であるので，1人当たり平均客単価は，1,800,000 ÷ 480 = 3,750（円）

（別解）

　1人当たりの平均買上個数が2.5個，1品当たりの平均単価が1,500円であるので，1人当たりの平均客単価は，2.5 × 1,500 = 3,750（円）

⑪アー品ぞろえの深さ　イー品ぞろえの広さ
　ウー商品単価　　　　エー買上個数

　解説 再度，P183の図「売上高の規定要因と品ぞろえ方法の関係」を見てもらいたい。「品ぞろえの深さ」が「利用客数」と「商品単価」に影響を及ぼし，「品ぞろえの深さ」が「来店頻度」と「買上個数」に影響を及ぼすことで，「来店客数」と「客単価」を規定していることがわかる。

⑫250

　解説 ROI（投下資本利益率）は次式で示される。

$$ROI(\%) = \frac{純利益}{投下資本} \times 100$$

$$\therefore ROI(\%) = \frac{5,000}{2,000} \times 100$$

$$= 2.5 \times 100$$
$$= 250 \ (\%)$$

⑬ ア－総費用率　　イ－投下資本

　[解説] これについては再度，P188 の図「ROI 向上のための方策」を見て
もらいたい。プロモーションを実施した場合，売上高などは下に示
すように変化するものの，投下資本の増減は生じない。

$$\frac{\overset{(\nearrow)}{売上高} \times (\overset{(\searrow)}{総利益率} - \overset{(\nearrow)}{総費用率})}{投下資本}$$

⑭ ア－フロアレイアウト　　イ－スケマティックプラノグラム
　ウ－品種　　　　　　　　エ－品目

　[解説] つまり，スペースマネジメントは，フロア(コーナー単位)マネジ
メントとシェルフ(棚単位)マネジメントに分類される。

⑮ ア－販売力　　イ－物理的な条件

　[解説] したがって，売場の物理的な条件による顧客の吸引力が売場の販
売力の１つの要素といえる。

⑯ ア－プラノグラム　　イ－スペースマネジメント

　[解説] プラノグラムとは，plan と diagram の造成語である。なお，プラ
ノグラムは，それがプラスアルファを生み出すように計画されていな
ければ有効ではないという考え方から，アメリカでは Schematic
Diagram（概念図）と呼ばれることがある。

⑰ 需要予測型棚割システム

　[解説] スケマティックプラノグラム(プラノグラム)は需要予測を前提と
した商品の配置を行うことで，その棚(カテゴリー)の収益を最大に引
き上げようというものである。そのため，プラノグラムの活用次第で，
定番コーナーの生産性(販売効率)や商品カテゴリー別収益性は大きな
開き(格差)が生じることになる。

実力養成問題　購買促進策としてのビジュアルプレゼンテーション(VP)の実際(1)

第1章 第2章 第3章 第4章 第5章 模擬テスト

□ 次のア～オは，ビジュアルプレゼンテーション（VP）に関する記述である。正しいものには1を，誤っているものには2を記入しなさい。

ア　ビジュアルプレゼンテーション(VP)とは，商品の特性，品質，デザインなどに関するあらゆる機能面を，顧客の視覚に訴えかける演出技法のことである。

イ　VPの目的は，小売店が選定した重点商品を各売場において最適な方法で演出し，商品の持つ価値を顧客の視覚に強く印象づけることによって，重点商品を衝動買いさせることである。

ウ　小売店にとってのVPのメリットは，売場演出が活性化されるため，顧客の必要買いの機会が増え，小売店の売上および利益の増加に貢献することと，ストアロイヤルティの向上に寄与することである。

エ　VPの対象は小売店のメインターゲットとする特定の顧客ではなく，すべての来店客であることから，販売対象とする重点商品を大量に確保し，陳列方法は色や陳列パターンを変形させた「商品中心の立体的ディスプレイ」とする。

オ　VPの実施においては，最初に「年間52週のテーマの設定」，それにもとづいて「年間52週の販売計画の策定」，そして「年間52週の重点商品の選定」「年間52週のVP計画の策定」へと展開していく。

POINT!! 解説

ア：ビジュアルプレゼンテーション(VP)の関連キーワードは「顧客の視覚に訴えかける演出技法」である。

また，ハンドブックは，「VPとは，小売業が選定した重点商品を，売り方や見せ方などに工夫を凝らして顧客の視覚に訴えかけ，感動をもたらし，購買に結びつける活動の一手法である」と述べている。よって，「重点商品」もVPの関連キーワードといえる。

イ：重点商品とは，具体的には，その時期にふさわしい商品，流行している

商品，そして一番人気の商品で，もちろん，自店に多くの利益をもたらす商品である。

ウ：また，VPが顧客に与えるメリットは，顧客が欲しいと思っている商品を，欲しいときに，わかりやすい場所で，適切な価格で，豊富な陳列量の中から，適切な演出法で提示することである。

エ：VPの対象顧客は，小売店のメインターゲットとする顧客である。VPの対象商品は時々の具体的テーマにもとづく重要商品で，これを豊富に確保・陳列することで，顧客の視覚に訴える。

オ：VP実施上のフローは下図「VPの仕組みづくりフロー」の通りである。最初に「年間52週販売計画」を策定し，それにもとづきテーマを設定する。

図　VPの仕組みづくりフロー

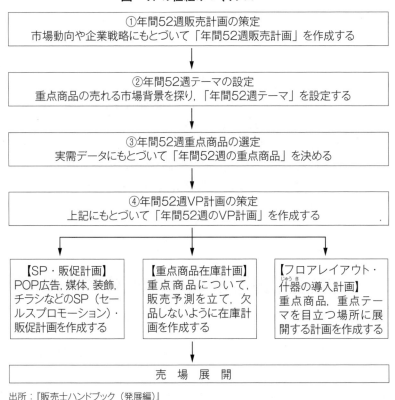

①年間52週販売計画の策定
市場動向や企業戦略にもとづいて「年間52週販売計画」を作成する

②年間52週テーマの設定
重点商品の売れる市場背景を探り，「年間52週テーマ」を設定する

③年間52週重点商品の選定
実需データにもとづいて「年間52週の重点商品」を決める

④年間52週VP計画の策定
上記にもとづいて「年間52週のVP計画」を作成する

【SP・販促計画】
POP広告，媒体，装飾，チラシなどのSP（セールスプロモーション）・販促計画を作成する

【重点商品在庫計画】
重点商品について，販売予測を立て，欠品しないように在庫計画を作成する

【フロアレイアウト・什器の導入計画】
重点商品，重点テーマを目立つ場所に展開する計画を作成する

売　場　展　開

出所：『販売士ハンドブック（発展編）』

正　解　☐ ア 1　☐ イ 1　☐ ウ 1　☐ エ 2　☐ オ 2

実力養成 問題 ｜ 購買促進策としてのビジュアルプレゼンテーション（VP）の実際⑵

□ 次のア～オは，商品のライフサイクル別 VP の実施ポイントなどについて記述したものである。正しいものには1を，誤っているものには2を記入しなさい。

ア　導入期には，小売店の推奨品や成長期に差し掛かった流行商品などから選定した重点商品をディスプレイする。この時期は，高い価格を設定するのではなく，価格の低さをアピールするとともに，質，味，機能面を PR することに努める。

イ　導入期が顧客の購買心理を刺激する時期であるのに対して，成長期は重点商品を質・量ともに充実させ，売場体制を確立して積極的に売る時期である。ただし，商品のライフサイクルは年々短くなっているので，発注や販売期間に注意する必要がある。

ウ　重点商品を VP するときの衰退期は，一般的な商品の衰退期とは，その内容が異なる。必要以上に割り引いて売ると，重点商品を販売するねらいとしての利益がとれなくなるので，スポット販売を強化する必要がある。

エ　導入期は入口側，主通路に面して売場を設営し，成長期は中側に売場を移し，できるだけ多くのスペースをとる。衰退期は，売場は出口側に1箇所とし，まとめて売りつくす。

オ　導入期の什器は主に平台，ワゴンなどを使用するが，成長期には主にプロパー什器，ハンガーなどを使用する。衰退期には，主にステージ，テーブル，斜めハンガーなどを使用する。

商品のライフサイクルといえば，「導入期→成長期→成熟期→衰退期」の4つから成るが，ハンドブックはここでは，購買需要の変化が大きく現れる「導入期→成長期→衰退期」の3つに絞って記述している。

ア：導入期においては，「価格でアピールするものではなく，質，味，機能面をPRし，価値の高さを誇るように重点商品を強調する」。よって，価格が低く設定されることはなく，むしろ高めに設定される。また，「華やかなスポットを当て，商品の持つ特性を最大限に引き出す」ことで，商品の認知度を高めることに努める。

イ：商品のライフサイクルが年々短くなっているということは，購買需要期間が短くなっているということである。よって，これまでの経験から推測する，需要が持続的に増加する期間が短くなるので，発注量や販売期間もそれに合わせる必要がある。

ウ：一般的な商品のライフサイクルの衰退期においては，小売業は，この商品の早期撤退のタイミングを逃さないことが肝要となる。しかし，次表「VP実施上の概要」に記述されているように，「価格を少し引き下げて買い得感を強調する」ことがポイントになる。

　また，「スポット販売を強化する」ことも重要である。スポット販売とは，期間限定・数量限定で販売される商品のことで，それを強調することで，"商品を処分している"というイメージを顧客に与えないことが大切である。

エ：導入期においては，その商品の認知度を高める必要があるので，「入口側，主通路」に面して売場を設けることになる。成長期になると，顧客が購入しやすいように「中側，そして，できるだけ多くのスペースをとる」ことが重要となる。

オ：再度，表「VP実施上の概要」を見てもらいたい。什器の種類は，導入期は「主にステージ，テーブル，斜めハンガーなど」，衰退期は「平台，ワゴン，リングハンガーなど」である。

表　VP実施上の概要

	導入期	成長期	衰退期
VP実施上の方針	商品機のPR。重点商品の魅力を感じさせる。	量販するための体制づくり。量を売るための在庫とスペースを確保する。	商品を処分するためのVPを実施する。
フロアレイアウトの特徴	入口側，主通路に面して設営する。	中側，できるだけ多くのスペースをとる。	出口側，1箇所にまとめて売りつくす。
什器の種類	主に，ステージ，テーブル，斜めハンガーなど。	主に，プロパー什器，ハンガー，積上げ台など。	主に，平台，ワゴン，リングハンガーなど。
在庫状況	少量在庫	最大在庫量	ゼロにする。
実施上のポイント	カラーコーディネート，トータルコーディネート，チラシ広告やショーカードで紹介する。	売場の分類を明確にする。欠品を防止する。さわりやすい，選びやすいディスプレイにする。	価格を少し引き下げて買い得感を強調する。スポット販売を強化する。

出典：『VP（ビジュアルプレゼンテーション）がわかる本』モード学園出版局
出所：『販売士ハンドブック（発展編）』

　上表には，「VP実施上の方針」「フロアレイアウトの特徴」「什器の種類」「在庫状況」「実施上のポイント」が，導入期，成長期，衰退期に分けて記述されている。つまり，上表をもとに問題が出題される可能性が高いので，自分なりにこれらの違いを把握しておこう。

正解 □ア2　□イ1　□ウ1　□エ1　□オ2

□ 次のア〜オは，VP のディスプレイと VP のシステム化に関する
　記述である。正しいものには1を，誤っているものには2を記入
　しなさい。

ア　VP の陳列方法は，顧客が必要とする商品を素早く発見させ
　　ることをねらいとして，商品のほとんどは垂直もしくは水平
　　にディスプレイされる。

イ　VP における商品配置のポイントは，「利益率の高い商品を，
　　売場において顧客が足を止める位置から手が届くくらいの近
　　さで，腰の高さにディスプレイする」ことである。

ウ　VP の基本は，商品自体で季節性や流行性を多くの顧客に認
　　知させることなので，POP 広告や装飾物で飾り立てないこと
　　である。

エ　VP の実施においては，主役の商品に合わせて，脇役として
　　の什器を決定するのが原則である。よって，たとえば衣料品
　　の場合，PR すべきフェイス（顔）を顧客に見せる必要があるの
　　で，ハンガー陳列におけるフェイスアウト陳列は有効である。

オ　効果的なプレゼンテーションを実施するためには，売場を，
　　VP（ビジュアルプレゼンテーション）スペース，KP（カイン
　　ズプレゼンテーション）スペース，IP（アイテムプレゼンテー
　　ション）スペースの3つから構成することが重要とされている。

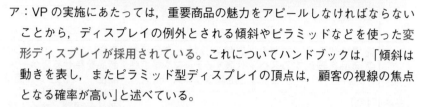

POINT!! ▶ 解説

ア：VP の実施にあたっては，重要商品の魅力をアピールしなければならない
ことから，ディスプレイの例外とされる傾斜やピラミッドなどを使った変
形ディスプレイが採用されている。これについてハンドブックは，「傾斜は
動きを表し，またピラミッド型ディスプレイの頂点は，顧客の視線の焦点
となる確率が高い」と述べている。

定番商品で採用されている平坦なディスプレイは変化に乏しいため，売
りたい商品を顧客の視覚に訴える力が弱い。

イ：「腰の高さ」が誤りで，「目の高さ」が正しい。これについてハンドブック
は，「壁や売場の中央で，顧客の目線の高さにディスプレイされている商品
は，目線よりも低い位置に陳列されている商品よりも高価値商品と認識さ
れる傾向にある」と述べている。

ウ：売場の主役は商品であり，VP の実施においては，特にそれを徹底する必
要がある。よって，什器や装飾物にコストをかけすぎてはいけない。顧客
の目が装飾物などに向かってはいけない。

エ：VP で使用する什器はあくまでも主役である商品の脇役でなくてはならな
いし，すべてフレキシブル（可動式）であることを原則とする。なぜなら，
商品のライフサイクルの箇所でみたように，重点商品のディスプレイの場
所は導入期，成長期，衰退期により異なるからである。

フェイスアウト（顔を見せる）陳列とは，商品の正面を見せる陳列のこと
である。ショルダーアウト（肩を見せる）陳列やスリーブアウト（袖を見せ
る）陳列は商品の側面を見せる陳列であるので，商品のフェイス（顔）は見え
ない。

オ：売場＝ VP スペース＋ KP スペース＋ IP スペース

次表「VP システム」を見てもらいたい。同表には，「意味」「目的」「表現方
法」「場所」が，VP スペース，KP スペース，IP スペースに分けて記述され
ている。

第1章

第2章

第3章

第4章

第5章

模擬テスト

表　VPシステム

	VP（ビジュアルプレゼンテーション）スペース	KP（カインズプレゼンテーション）スペース	IP（アイテムプレゼンテーション）スペース
意味	売場の代表テーマや重点商品を表現するスペース。 【例】 サイズ別…上段が小物，下段が大物，または上段が軽い商品，下段が重い商品など。 色別…左から右へ明るい色から暗い色へなど。	売場の分類上の品種を代表するテーマや重点商品を表現するスペース。	売場にある一つひとつの商品を見せるスペース。商品一つひとつの価値や特性を伝えるとともに，商品分類別，サイズ別，色別など，小売店で決めたルールにもとづいてディスプレイする。
目的	代表テーマと重点商品によって売場全体のイメージをビジュアルに見せる。	品種としての重点商品をビジュアルに見せる。	それぞれの商品を見やすく，触れやすく，選びやすいように表現する。
表現方法	重点商品を中心に関連商品を加えてコーディネート陳列する。	重点商品だけで，単品もしくは複数の商品で陳列する。	それぞれの商品を区別し，プライスカードをつける。
場所	ステージ，テーブルなど。	エンド，柱，壁面など。	ショーケース，ラックなど。

出典：『VP（ビジュアルプレゼンテーション）がわかる本』モード学園出版局
出所：『販売士ハンドブック（発展編）』

正　解　□ ア 2　□ イ 2　□ ウ 1　□ エ 1　□ オ 1

実力養成 問題 購買促進策としてのビジュアルプレゼンテーション(VP)の実際⑷

□ 次の文中の〔　〕の部分にあてはまる最も適当な語句を〔　〕内に記入しなさい。

・VPは限られた売場(スペース)で実施する。よって，あらゆる商品を対象とすることはできないので，〔ア．　　〕の顧客に限定して重点商品を対象に行う。

・VPの実施に際しては，商品をどこでディスプレイ・演出するかを決めることも重要となる。顧客に見せたい商品や推奨商品はわかりやすく，気づきやすい場所にディスプレイすることが基本なので，まずは入口から各売場まで，顧客がスムースに回遊できるように，メインストリート(主通路)を明確にした〔イ．　　〕を計画する必要がある。

・VPの実施に際しては，商品特性をどのように表現すれば，効果的な購買促進が可能となるかを決定する。たとえば，テーマの提案は，〔ウ．　　〕というテーマでアースカラーの商品を集めたり，自然素材100％の商品構成にしたりしてテーマの重要性を訴求する。

・表現構成においては，商品の特性を考慮に入れて，単品表現，〔エ．　　〕，複数表現の組合せを決める。〔エ．　　〕は，個性の強い商品や特性の商品を強調したいときに，同一品種で他品目の商品と隣接陳列するものである。

・高級品・高額品をVPの対象とするときは，棚や什器よりも〔オ．　　〕のほうが高級感を訴求でき，万引の防止にも役立つ。

VPの実施フローは，次のように「5W1H」にもとづいて実施される。

①誰に（訴求の対象者）

②何を（商品および商品特性）

③いつ（展開時期）

④どこで（フロアレイアウト）

⑤どのように（表現方法）

⑥何を使って（道具）

ア：訴求の対象者は，特定多数の顧客である。いわゆる，小売店のメインターゲットとする特定の顧客である。

上記の②「何を」はもちろん，「視覚に訴える重点商品」である。

上記の③「いつ」は，「顧客がVPの対象とする商品に興味を抱き始める頃」である。

イ：これに関して，ハンドブックは，「一般に顧客は，入口近くのメインステージやショーウインドにディスプレイされた商品に注目する。次に，主通路を通って各売場に近づくと，顧客はステージやゴンドラエンドに目を向ける傾向にある。さらに，顧客は，壁面，柱上部，棚の上を見て売場に入っていく。そして，個々の商品に触れるといったプロセスをたどるのが一般的である」と述べている。

ウ：これに関して，ハンドブックは，「ライフスタイルの提案は，クリスマスや休日の過ごし方などを小売店として紹介する方法である。…………テーマの提案は，食品では，産地直送をテーマとして各地の旬の商品を集めて小売店の特徴を売り出すように実施する」と述べている。

エ：ハンドブックは，単品表現と複数表現について，次のように記述している。

・単品表現……夏のTシャツや冬のセーターなどのように，顧客の認知力が強く，小売店としても定番で多くの販売数量が見込める商品，そしてコーディネートの必要のない商品などを単品で訴求する。

・複数表現……色や柄の多い商品については，バラエティ性を醸し出すことをねらいとして，同一品種の複数品目を集合させて訴求する。

オ：商品や表現方法が決まれば，使用する道具がおおむね決まる。

正解	□ ア 特定多数	□ イ 顧客導線	□ ウ エコロジー
	□ エ 比較表現	□ オ ガラスショーケース	

第1章

第2章

第3章

第4章

第5章

模擬テスト

実力養成問題 購買促進策としてのクロスマーチャンダイジングと POP 広告の実際(1) クロスマーチャンダイジング

□ 次の文中の〔　〕の部分にあてはまる最も適当な語句を〔　〕内に記入しなさい。

　　クロスマーチャンダイジングとは，主に定番商品に対して，使用目的や用途などが直接関係する〔ア．　　〕の中から最適な単品を組み合わせて陳列し，顧客がその併用によってより豊かで快適な生活が実現されることを〔イ．　　〕などで提示することで，〔ウ．　　〕を促進する陳列技法である。

　　一方，〔エ．　　〕とは，登山，マリンスポーツ，バスタイムなどの大きなテーマにもとづき，それらの重点商品と〔オ．　　〕を色やブランドなどで組み合わせて，快適な生活場面を提案する手法である。つまり，〔エ〕は〔ウ〕を促すための絶対的商品を組み合わせる手法ではなく，〔カ．　　〕やついで買いを促すために関連した商品を多数組み合わせて演出するディスプレイ手法である。

POINT!! ▶ 解説

　　上文の要旨は，「クロスマーチャンダイジングは同時購買を促進する陳列技法であるのに対し，関連陳列は同時購買を促すための絶対的商品を組み合わせる手法ではない」ということ。

　　なお，ハンドブックは，クロスマーチャンダイジングを実施する重要なポイントとして次の2つを挙げている。

①提案するテーマの設定……たとえば，「シーザーサラダの季節」などといった具体的なテーマを必ず設定する。

②使用頻度，消耗頻度，購買頻度が同じような商品同士の組合せ……たとえば，焼肉と焼肉用のたれ，など。

正解	□ ア	異品種	□ イ	POP 広告	□ ウ	同時購買
	□ エ	関連陳列	□ オ	関連商品	□ カ	まとめ買い

□ 次の文中の〔　〕の部分にあてはまる最も適当な語句を〔　〕内
に記入しなさい。

　　POP広告は，商品と顧客をコミュニケートし，〔ア.　　　〕を
増加させる購買促進策である。商品の認知率を高めるために，
POP広告の大きさとともに，顧客の「見る行動」「選ぶ行動」「買う
行動」の効果を高めるPOP広告を設置することも重要である。
　　POP広告の役割は，「売場(品群)への誘導」「商品(品種)への接
近」「商品(品目)への意識の引きつけ」「商品(単品)選択基準の明確
化」「購買の意思決定」に分けられる。
　　商品(品種)への接近を目的としたPOP広告には〔イ.　　　〕，パ
ネルボード(テーマ表示)などがある。〔イ〕は，商品に目が向くよ
うに，矢印や指差しの形にカットしたディスプレイツールである。
　　商品(品目)への意識の引きつけを目的としたPOP広告には，
〔ウ.　　　〕，規格表示，内容量表示などがある。〔ウ〕は，広告
部分が前に飛び出て，揺れているもので，販売商品の陳列棚近
くに置くことで顧客の注目度を高め，購買意欲を促す販促POP
広告である。
　　商品(単品)選択基準の明確化を目的としたPOP広告には，
〔エ.　　　〕，〔オ.　　　〕，プライスカード，商品説明カードが
ある。〔エ〕は，二つ折り，三つ折りなどに折られたチラシより
もサイズが小さめのPOP広告である。〔オ〕は，商品の価格や特
長を自由に直接記入できるカードである。

POINT!! 〉解説

　　次図「顧客の購買行動とPOP広告の役割」を参照してもらいたい。

正 解　　□ ア　1回当たりの買上点数（個数）　　□ イ　スポッター
　　　　　□ ウ　スイングステッカー　　□ エ　リーフレット　　□ オ　ショーカード

図 顧客の購買行動とPOP広告の役割

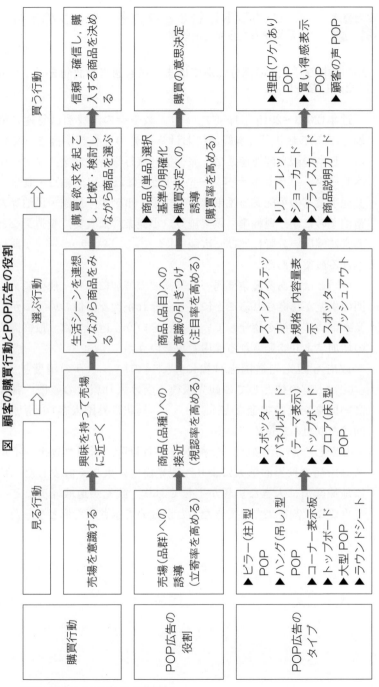

購買行動		見る行動	⇨	選ぶ行動	⇨	買う行動
		売場を意識する	興味を持って売場に近づく	生活シーンを連想しながら商品をみる	購買欲求を起こし、比較・検討しながら商品を選ぶ	信頼・確信し、購入する商品を決める
POP広告の役割		売場(品群)への誘導(立寄率を高める)	商品(品種)への接近(視認率を高める)	商品(品目)への意識の引きつけ(注目率を高める)	▲商品(単品)選択基準の明確化 ▲購買決定への誘導(購買率を高める)	購買の意思決定
POP広告のタイプ		▲ピラー(柱)型POP ▲ハンガ(吊り)型POP ▲コーナー表示板 ▲トップボード ▲大型POP ▲ラウンドシート	▲スポッター ▲パネルボード(テーマ表示) ▲トップボード ▲フロア(床)型POP	▲スィングステッカー ▲規格・内容量表示 ▲スポッター ▲プッシュアウト	▲リーフレット ▲ショーカード ▲プライスカード ▲商品説明カード	▲理由(ワケあり)POP ▲買い得感表示POP ▲顧客の声POP

出所:『販売士ハンドブック(発展編)』

第1章　第2章　第3章　第4章　第5章　模擬テスト

□ 次の文中の〔　〕の部分にあてはまる最も適当な語句を〔　〕内
に記入しなさい。

　　近年(2013〜2019年),〔ア.　　　〕数やその消費額は急速に増
加してきており,日本経済における観光の存在感が高まってい
る。日本の観光関連産業は,旅行業,旅行業者代理業,ツアーオ
ペレーター(ランドオペレーター)と呼ばれる宿泊施設・食事・
交通手段等の手配業,添乗サービス業,ホテル・旅館・民泊等の
宿泊業のほか,運輸業,娯楽施設,小売業,飲食業,製造業など
非常に幅広い分野に及び,広範な〔イ.　　　〕や〔ウ.　　　〕が期待
される産業である。

　　〔イ〕とは,ある産業部門の最終需要の増加により,他の産業部
門の生産が誘発されることになり,それが次々に他のいくつかの
産業部門に生産を誘発していくことをいう。〔ウ〕とは,最終需要
の増加により誘発される雇用者数をいう。

　　政府も観光先進国を目標に,〔ア〕のいっそうの消費拡大,
〔エ.　　　〕の柱としての観光振興,受け入れ環境の整備,質の
高い国際交流の推進など,〔オ.　　　〕(訪日外国人客)の増加に
向けた取組みを進めている。

　　しかしながら,2020(令和2)年1月以降,新型コロナウイル
ス感染症の世界的拡大により,観光需要は大きく減少した。特
に地域経済に大きな影響が生じており,観光が地域経済にとっ
て重要な役割を果たしてきたことが改めて示された形となった。

POINT!! 解説

ア：「訪日外国人旅行者」が入る。下表に示されているように，「訪日外国人旅行」による消費額は，2014年に2.0兆円に達し，その後も持続的に増加し，2019年には4.8兆円を記録した。

　2020年，2021年は，新型コロナウイルス感染症の影響でその額は一気に減少した。しかし，新型コロナウイルスの感染が終息したら，再びその消費額は元に戻り，さらに増加傾向をたどるものと予想される。よって，新型コロナウイルス感染症の期間は特異な期間としてとらえるべきだと考えられる。

表1　旅行消費額の推移（2011～2021年）

(単位：兆円) 資料公表：2022年4月28日

	2011年	2012年	2013年	2014年	2015年	2016年	2017年	2018年	2019年	2020年	2021年
日本人国内宿泊旅行	14.8	15.0	15.4	13.9	15.8	16.0	16.1	15.8	17.2	7.8	7.0
日本人国内日帰り旅行	5.0	4.4	4.8	4.5	4.6	4.9	5.0	4.7	4.8	2.2	2.2
日本人海外旅行（国内分）	1.2	1.3	1.2	1.1	1.0	1.1	1.2	1.1	1.2	0.3	0.1※1
訪日外国人旅行	0.8	1.1	1.4	2.0	3.5	3.7	4.4	4.5	4.8	0.7※3	0.1※2
合　計	21.8	21.8	22.8	21.6	24.8	25.8	26.7	26.1	27.9	11.0	9.4

※1　2021年の「日本人海外旅行（国内分）」は，新型コロナウイルス感染症の影響により，海外旅行に関する回答数が少なかったため,試算値
※2　2021年の「訪日外国人旅行」は,新型コロナウイルス感染症の影響により,2021年は1-3月期,4-6月期,7-9月期の調査が中止となったため,2021年10-12月期の全国調査の結果を用いた試算値
※3　2020年の「訪日外国人旅行」は,新型コロナウイルス感染症の影響により,2020年は4-6月期,7-9月期,10-12月期の調査が中止となったため,2020年1-3月期の全国調査の結果を用いた試算値

出所：観光庁

イとウ：〔イ〕には「経済波及効果」，〔ウ〕には「雇用誘発効果」が入る。「経済波及効果」については，湖の中央に石を投げたとき，輪が次から次にできるようなものと考えておくとよい。湖に投げた石という「最終需要の増加」が，その波及のプロセスで，最終需要の増加額の何倍もの需要増加を新たに創り出すことになる。

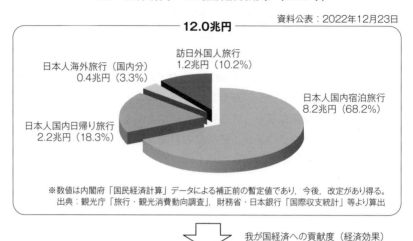

図　旅行消費による経済波及効果（2020年）

資料公表：2022年12月23日

12.0兆円

日本人海外旅行（国内分）
0.4兆円（3.3%）

訪日外国人旅行
1.2兆円（10.2%）

日本人国内宿泊旅行
8.2兆円（68.2%）

日本人国内日帰り旅行
2.2兆円（18.3%）

※数値は内閣府「国民経済計算」データによる補正前の暫定値であり，今後，改定があり得る。
出典：観光庁「旅行・観光消費動向調査」，財務省・日本銀行「国際収支統計」等より算出

我が国経済への貢献度（経済効果）

生産波及効果	22.3兆円	… 2.3%（対国民経済計算 2020年産出額）
付加価値誘発効果	11.6兆円	… 2.1%（対2020年名目GDP）
雇用誘発効果	185万人	… 2.7%（対2020年全国就業者数）

（注）観光庁調査（旅行・観光消費動向調査，訪日外国人消費動向調査）の数値を加工して，UNWTO
　　（国連世界観光機関）が定める基準に則って算出した数値である。
出所：観光庁

　　上図に示されるように，2020年の旅行消費額は12.0兆円であり，この経済波及効果は，生産波及効果→22.3兆円，付加価値誘発効果→11.6兆円，雇用誘発効果は185万人であった。

（注1）前掲の表「旅行消費額の推移（2011〜2021年）」においては，2020年の旅行消費額は11.0兆円となっており，上図の12.0兆円と数値が一致しないが，これは資料の公表日の違いなどによるものである。したがって，これらの数値を見るときには，一応の目安としてとらえておくとよい。

（注2）「旅行消費による経済波及効果（2018年）」（観光庁）によれば，旅行消費額→27.4兆円，生産波及効果→55.4兆円，付加価値誘発効果→28.2兆円，雇用誘発効果→441万人であった。新型コロナウイルス感染症が終息すれば，旅行消費額などはこれらの水準に回復すると考えられる。

エ：「地方創生」が入る。地方創生とは，地方の衰退と大都市への一極集中を同時に解決するための一連の政策のこと。2014年9月に「まち・ひと・しごと創生本部」が内閣に設置された。

オ：「インバウンド」が入る。一般に，インバウンドとは「外国人の訪日旅行」のことである。よって，アウトバウンドは「日本人の海外旅行」のことであるが，これはあまり使用されていない。

　　下表を見てわかるように，インバウンドによる旅行消費額の費用構成比は「買物代」「宿泊費」が大きいことから，インバウンド需要の激減は小売業，宿泊業に大きな痛手となっている。

表2　訪日外国人旅行消費額（2019年速報）

(億円)

国籍・地域	総額	宿泊費	飲食費	交通費	娯楽等サービス費	買物代	その他
全国籍・地域	48,113	14,154	10,389	4,977	1,899	16,668	26
韓国	4,209	1,393	1,171	429	206	1,006	5
台湾	5,506	1,516	1,212	622	193	1,962	1
香港	3,524	1,045	833	365	99	1,178	2
中国	17,718	3,627	2,955	1,225	542	9,366	2
タイ	1,725	512	397	198	59	554	5
シンガポール	856	317	210	94	26	206	2
マレーシア	659	222	154	87	27	169	1
インドネシア	538	185	110	82	19	142	0
フィリピン	656	184	164	73	32	202	1
ベトナム	871	241	228	89	25	288	0
インド	275	128	57	38	8	43	0
英国	1,000	427	257	137	92	87	0
ドイツ	464	205	113	72	18	56	0
フランス	798	338	199	120	36	105	0
イタリア	324	137	84	53	10	40	0
スペイン	286	116	75	48	14	33	0
ロシア	218	80	51	24	10	53	0
米国	3,247	1,425	826	441	148	404	3
カナダ	672	277	169	106	32	88	0
オーストラリア	1,527	612	377	221	118	198	0
その他	3,041	1,165	748	454	184	489	2

出所：観光庁

正解　□ ア　訪日外国人旅行者　　□ イ　経済波及効果　　□ ウ　雇用誘発効果
　　　　□ エ　地方創生　　□ オ　インバウンド

インバウンドに対するプロモーションの実践(2)
SDGsとインバウンド観光

□ 次の文中の〔 〕の部分にあてはまる最も適当な語句を〔 〕内
に記入しなさい。

・〔ア.   〕は，貧困などの社会問題，経済活動，そして悪化し
つつある環境問題まで世界が抱える課題を包括的に取り入れ
た，2015年に〔イ.   〕で193か国の合意で採択された全世
界の目標である。

・〔ウ.   (UNWTO)〕は，持続的な観光を，「訪問客，産業，
環境，受け入れ地域の需要に適合しつつ，現在と未来の経済，
社会，環境への影響に十分配慮した観光」と定義している。

・観光客としても，〔ア〕という新たな価値観に合う観光地・観光
コンテンツを選ぶため，それに見合った対価を払う観光客も増
えることが予測される。地域の住民や自然環境などに配慮した
観光を選ぶ，いわゆる"〔エ.   (責任ある旅行者)〕"に訪問し
てもらうことにより，地域経済や社会，環境などへの良い影響
が期待できる。

・訪日外国人旅行者による地域活性化の効果を地方に十分波及さ
せるためには，地方部を訪問する傾向のある〔オ.   〕からの
訪日リピーターをさらに誘客し，1回の訪日で長く滞在する傾
向にある〔カ.   〕の旅行者を取り込んでいくことが重要と
なる。

・最近では，まちづくりに取り組みつつ，観光振興をはかるケース
が増えてきており，それらを担う主体の1つとして「〔キ.
(DMO)〕がある。DMOの目的は，観光で地域が稼げる仕組みづ
くりや〔ク.   〕対策を含めた環境整備をすることによって地
域経済を成長させ，活性化させることである。

POINT!! ≫ 解説 ≫≫

ア：「SDGs」が入る。SDGs（Sustainable Development Goals：持続可能な開発目標）は，2015年9月の国連サミットで採択された「持続可能な開発のための2030アジェンダ」に記載された，2016年から2030年までに目指す国際目標である。その内容は，17のゴール（目標）と169のターゲット（達成基準）から構成されている。

イ：上記の説明からわかるように，「国連サミット」が入る。なお，SDGsは発展途上国のみならず，先進国自身が取り組むユニバーサル（普遍的）なもので，日本も積極的に取り組んでいる。

ウ：「国連世界観光機関」が入る。国連世界観光機関（UNWTO）は，「責任ある，持続可能で，誰もが参加できる観光の推進を責務とする」国連機関である。また，UNWTOは，SDGsを達成する手段としての観光促進にも取り組んでいる。

エ：「レスポンシブル・トラベラー」が入る。これに関連し，ハンドブックは，「観光関連産業の一翼を担う小売業も，経済的な指標に加えて，地域の活性化という社会的な側面，そして環境に配慮した観光の促進を重視しなければならない。そのためには，SDGsに対応した取組みを行うことが必要である」と述べている。

オとカ：オには「東アジア」，カには「欧米豪」がそれぞれ入る。訪日リピーターの取り込みなどのほかに，ハンドブックは，「新たな訪日需要を掘り起こすことも訪日外国人旅行者の地方への誘客を進めるうえで重要である。景観や施設だけでなく，地域の文化や食べ物，地域で育まれた知識や伝統技術，自然の中での体験を通じて滞在を楽しめるよう，当地ならではの地域づくりが必要である」と述べている。

キとク：キには「観光地域づくり法人」，クには「オーバーツーリズム」がそれぞれ入る。ハンドブックはオーバーツーリズム（Overtourism）について，「特定の観光地において，訪問客の著しい増加等が，市民生活や自然環境，景観等に対する負の影響を受忍できない程度にもたらしたり，旅行者にとっても満足度を大幅に低下させたりするような観光の状況のこと」と述べている。

正 解	☐ ア SDGs	☐ イ 国連サミット	☐ ウ 国連世界観光機関
	☐ エ レスポンシブル・トラベラー	☐ オ 東アジア	☐ カ 欧米豪
	☐ キ 観光地域づくり法人	☐ ク オーバーツーリズム	

インバウンドに対するプロモーションの実践(3)
SNS 時代におけるプロモーション戦略

□ 次の文中の〔　〕の部分にあてはまる最も適当な語句を〔　〕内に記入しなさい。

・今日，インバウンドの多様化に伴い，訪日外国人旅行客のカスタマージャーニーを，訪日旅行前(〔ア.　　〕)，訪日旅行中(〔イ.　　〕)，訪日旅行後(〔ウ.　　〕)の３つの場面(フェーズ)に分けたうえで，それぞれの段階ごとに適切なアプローチをとるマーケティング手法が求められることになっている。

・「〔ア.　　〕」のタイミングでは，口コミサイトや〔エ.　　〕などを活用し，主力商品・サービスの認知度を上げ，前もって買物リストにアップされること，つまり“〔オ.　　〕”してもらえるための対策が重要となる。

・「〔イ.　　〕」の訪日外国人は，スマートフォン片手に店舗を巡ることが多いため，口コミサイトや〔エ.　　〕が依然重要な接点となる。そして，より訪日外国人にわかりやすいように〔カ.　　〕表記やデジタルサイネージなどで POP 広告や商品説明を行うことが何より重要になる。つまり，“〔キ.　　〕”してもらう対策が重要になる。

POINT!! 〉解説

ア〜ウ：訪日旅行前のことを「旅マエ」，訪日旅行中のことを「旅ナカ」，訪日旅行後のことを「旅アト」という。

　　　ハンドブックは，「インバウンドの「ものを買う」ことに関連する行動や感情を踏まえると，これらの場面の中で小売業が注力すべき場面は，「旅マエ」と「旅ナカ」である」と述べている。

エとオ：エには「SNS」，オには「指名買い」がそれぞれ入る。“指名買い”に関して，ハンドブックは，「「○○を買いたいならこの店に行けばいい」とまで認知してもらうことも，小売業としては重要である」と述べている。

図　旅マエ・旅ナカ・旅アトにおけるプロモーション施策の例

	【旅マエ】	【旅ナカ】	【旅アト】
ポイント	**情報発信・ファンの増加** ◆ターゲットを細かく設定し，ユーザーに響くように情報を発信 ・定期的に情報を発信 ・問い合わせを多言語で丁寧に対応	**アクション・満足度UP** ◆丁寧な案内，フランクなコミュニケーションで満足度UP ・支払いや注文などでも，迷わず・わかりやすく旅行を楽しめる仕組みづくり	**体験のシェア・リピート** ◆体験シェアや帰国後に日本の良かったものが購入できる仕組み ・帰国後シェアされるような仕組みづくり ・ECなどで事後購入サービス

施策例

- 調査（データ・外国人お試し）
- 各種広告（web・海外マス広告・インフルエンサー）
- SNS・コンテンツ企画（取材・撮影など）
- 外国人コミュニケーション対応（翻訳・チャット・電話など）
- クーポン・割引・キャンペーンなど
- 決済サービス（電子決済など）
- EC

出典：株式会社ビヨンドホームページを一部加工
出所：『販売士ハンドブック（発展編）』

カとキ：カには「多言語」，キには「衝動買い」がそれぞれ入る。ハンドブックは，「旅ナカ」の訪日外国人について，「目に入るモノに注目し，興味を抱き，欲しいという欲求に至って購買行動を起こす」と述べている。

正解

☐ ア　旅マエ　　☐ イ　旅ナカ　　☑ ウ　旅アト

☑ エ　SNS　　☐ オ　指名買い　　☑ カ　多言語

☑ キ　衝動買い

第1章
第2章
第3章
第4章
第5章
模擬テスト

インバウンドに対するプロモーションの実践(4)
環境衛生への取組み

□ 次の文中の〔 〕の部分にあてはまる最も適当な語句を〔 〕内に記入しなさい。

・2020年は，世界にとって1つの転換期となる時代となった。新型コロナウイルスの感染拡大によって，従来にはなかったような新しい〔ア.　　〕が生まれた。このような時代における大きな転換期のことを〔イ.　　　〕と呼ぶこともあり，新型コロナウイルスとの共存が必要となった今日，〔イ〕を意識した行動が求められるようになった。

・新型コロナウイルスの感染拡大により，消費者の意識の変化として，衛生に関する行動(〔ウ.　　　〕・うがいの徹底，衛生関連商品の購入)への意識が向上した。そのうえで，自分の身を守るために，より信頼できる商品を購入するなど，〔エ.　　　〕も変化した。

・消費者の意識の変化は商品だけでなく，施設の設備や環境に対しても今後ますます強まることが予測されることから，小売業，とりわけ〔オ.　　　〕の役割を果たすスーパーマーケットや総合品ぞろえスーパー（スーパーストア），コンビニエンスストアなどにおいては，これまで以上にしっかりとした〔カ.　　　〕が求められている。

POINT!! 解説

アとイ：〔ア〕には「生活様式」，〔イ〕には「ニューノーマル」がそれぞれ入る。新型コロナウイルスの感染拡大により，新しい生活様式が生まれることになり，これが将来終息した後も，新しい生活様式の一部分は残るものと考えられる。

ハンドブックは，ニューノーマルについて，「「New（新しい）」と「Normal（常態）」を組み合わせた言葉で，「新常態」とも呼ばれている。時代の節目に訪れる転換期であり，今までとは違う基準を持った新しい世界観といえる」と述べている。

ウとエ：〔ウ〕には「手洗い」，〔エ〕には「購買行動」がそれぞれ入る。購買行動
の変化は，小売業の今後のマーケティング戦略に影響を及ぼすことになる。
オとカ：〔オ〕には「ライフライン」，〔カ〕には「環境衛生」がそれぞれ入る。

上記のように，新型コロナウイルスの感染拡大により，消費者の購買行動
の変化，小売業の徹底した環境衛生への取組みが生まれることになった。

また，2020年5月には，政府による専門家会議で提言された「新しい生活
様式」の実践例を踏まえて，小売業12団体は，基本的な考え方と具体的な取
組みを盛り込んだ「小売業の店舗における新型コロナウイルス感染症　感染
拡大予防ガイドライン」を定めた。

ハンドブックでは，同ガイドラインにもとづき，小売業がより効果的な感
染予防策を実施するための施策として，「店舗における感染予防対策」，「従
業員の感染予防・健康管理」，「買物エチケットに係る顧客への協力依頼・情
報発信」の3つを挙げている。

●店舗における感染予防対策

密になる状況を避ける。具体的には，基本的な感染防止対策である，i）身
体的距離の確保，ii）マスクの着用，iii）手洗い・手指消毒に取り組むとともに，
店舗において，清掃・消毒の実施，接触感染・飛沫感染の防止，換気の徹底，
商品陳列等の工夫，店舗内の混雑緩和などを行う。

●従業員の感染予防・健康管理

新型コロナウイルス感染症予防に関する基本的知識等の周知徹底をはかる
こと，飛沫感染と接触感染の防止策を講じること，感染予防・健康管理のた
めの指導などを行うこと。

●買物エチケットに係る顧客への協力依頼・情報発信

対人距離の確保および混雑緩和に係る理解促進，接客やサービスの内容変
化に対する理解促進などについて，顧客に対する協力依頼とわかりやすい情
報発信に取り組むこと。

正解	□ ア 生活様式	□ イ ニューノーマル	□ ウ 手洗い
	□ エ 購買行動	□ オ ライフライン	□ カ 環境衛生

記述式穴埋問題（2） キーワードはこれだ！

> 次の各問の〔　　〕の部分にあてはまる最も適当な語句・短文を記入しなさい。

① ビジュアルプレゼンテーション（VP）とは，小売業が選定した〔　ア　〕を，売り方や見せ方などに工夫を凝らすことで〔　イ　〕に訴え，購買に結びつける手法である。

ア	イ

② ビジュアルプレゼンテーション（VP）を実施する場合，まず最初に，市場動向や企業戦略にもとづいて「〔　　〕」を作成する。

③ 市場に導入された商品は導入期を経て，成長期，成熟期，衰退期と移っていくが，最近，〔　ア　〕が年々短くなっている。また，売場での商品展開が実際の季節よりも早まる傾向にあるため，〔　イ　〕を先取りし，重点商品の〔　ウ　〕に応じて販売方法をドラスティックに変えていくことが重要となる。

ア	イ

ウ

④ VP のディスプレイにあたっては，ディスプレイの例外とされる〔　ア　〕や〔　イ　〕などの変型を創作することがポイントとなる。〔　ア　〕は動きを表し，〔　イ　〕型ディスプレイの頂点は顧客の視線の焦点となる確率が高い。

ア	イ

⑤ 効果的なプレゼンテーションを実施するためには, 売場を,〔 ア 〕,〔 イ 〕, IP（アイテムプレゼンテーション）スペースの3つから構成するとよい。〔 ア 〕においては, 重点商品を中心に関連商品を加えてコーディネート陳列する。〔 イ 〕においては, 重点商品だけで, 単品もしくは複数の商品で陳列する。

ア	イ

⑥ 衣料品の場合, PR すべきフェイス（顔）を顧客に見せる必要があるので, ハンガー陳列においては, 商品の正面を見せる〔　　〕陳列が有効となる。

⑦ クロスマーチャンダイジングは〔 ア 〕を引き上げるためのマーケティング手法で, 主に定番商品に対して, 使用目的や用途などが直接関係する〔 イ 〕の中から最適な単品を組み合わせて陳列することで〔 ウ 〕を促進する陳列技法である。

ア	イ

ウ

⑧ POP 広告は, 商品と顧客をコミュニケートし, 1回当たりの〔 ア 〕を増加させる購買促進策である。代表的なものとしては,〔 イ 〕,〔 ウ 〕,〔 エ 〕などがある。〔 イ 〕は, 商品に目が向くように, 矢印や指差しの形にカットしたディスプレイツールである。〔 ウ 〕は, 広告部分が前に飛び出て, 揺れているもので, 販売商品の陳列棚の近くに置くことで顧客の注目を高め, 購買意欲を促す販促 POP 広告である。〔 エ 〕は, 二つ折り, 三つ折りなどに折られたチラシよりもサイズが小さめの POP 広告である。

ア	イ

ウ	エ

⑨ 訪日外国人旅行者数は，2013年に初めて1,000万人を突破した。その後も，その数は持続的に増加し，2018年には初めて〔　　〕万人の大台に達した。しかし，2020年に新型コロナウイルスの感染が拡大したことで，その数は一気に410万人まで減少した。

⑩ 訪日外国人旅行者数が増加すると，それに伴い旅行消費額が増加することから，日本の観光関連産業に新たな需要増加が創出されることになる。また，新たな需要は他の産業部門にも創出され，広範な〔　ア　〕効果や〔　イ　〕効果が生じることになる。〔　イ　〕効果は，〔　ア　〕効果により，雇用者数が増加することをいう。

ア	イ

⑪ 2019年における，インバウンドによる旅行消費額の費用別構成比をみると，その割合が最も大きいものが〔　ア　〕，次に〔　イ　〕となっている。

ア	イ

⑫ 〔　　〕とは，2015年9月の国連サミットで採択された，国連加盟国が2016年から2030年に達成すべき「持続可能な開発目標」のことである。

⑬ 〔　ア　〕(UNWTO)は，観光分野における主導的な国際機関として，経済成長，持続可能な開発の推進力として観光を促進し，また，「〔　イ　〕(SDGs)」を達成する手段としての観光促進にも取り組んでいる。

ア	イ

⑭ 2019年における，訪日外国人1人当たり旅行支出を国籍・地域別にみると，〔 ア 〕が最も高く（24万8千円），次いで〔 イ 〕（24万1千円），フランス（23万7千円）の順で高い。

ア	イ

⑮ 2019年における，訪日外国人1人当たり旅行支出を費目別にみると，宿泊費は欧米豪で高い傾向がみられ，中でも〔 ア 〕やフランスが10万円超と高い。娯楽等サービス費は〔 ア 〕（2万2千円）や〔 イ 〕（1万9千円）が高く，買物代は〔 ウ 〕（10万9千円）が突出して高い。

ア	イ
	ウ

⑯ 〔　〕（DMO）は，地域の「稼ぐ力」を引き出すとともに，観光地域づくりの舵取り役として，多様な関係者と協同しながら，明確なコンセプトにもとづいた観光地域づくりを実現するための戦略の策定などを行う法人である。

⑰ 今日，〔 ア 〕の多様化に伴い，訪日外国人旅行客の〔 イ 〕を，訪日旅行前，訪日旅行中，訪日旅行後の3つの場面に分け，それぞれの段階ごとに適切なアプローチをとるマーケティング手法が求められるようになっている。

ア	イ

①アー重点商品　　イー顧客の視覚

　　解説 本文で述べたように，ビジュアルプレゼンテーション（VP）の関連キーワードは「重点商品」「顧客の視覚に訴えかける演出技法」である。

②年間52週販売計画

　　解説 P204の図「VPの仕組みづくりフロー」を見てもらいたい。「年間52週販売計画の策定」→「年間52週テーマの設定」→「年間52週重点商品の選定」→「年間52週VP計画の策定」の順番は覚えておいてもらいたい。

③アー商品のライフサイクル　　イー季節の変化

　ウーライフサイクル

　　解説 販売士1級での商品のライフサイクルは，"重点商品"のVP（ビジュアルプレゼンテーション）実施上のポイントを導入期，成長期，衰退期の3つのステージに絞って，記述している。

④アー傾斜　　イーピラミッド

　　解説 定番商品の場合，顧客に商品を素早く発見してもらうため，垂直もしくは水平にディスプレイされる。しかし，こうした平坦なディスプレイは売りたい商品を顧客の"視覚"に訴える力が強くないため，VPのディスプレイでは傾斜やピラミッドなどの変化の陳列方法が採用されている。

⑤アーVP（ビジュアルプレゼンテーション）スペース

　イーKP（カインズプレゼンテーション）スペース

　　解説 P210の表「VPシステム」を見てもらいたい。同表には，VPスペースの目的を「代表テーマと重点商品によって売場全体のイメージをビジュアルを見せること」，KPスペースの目的を「品種としての重点商品をビジュアルに見せること」と記述している。

⑥フェイスアウト

　　解説 ハンガー陳列において，商品の肩を見せるのは「ショルダーアウト陳列」，商品の袖を見せるのは「スリーブアウト陳列」である。

⑦アー客単価　　イー異品種　　ウー同時購買

解説 本文で述べたように，「クロスマーチャンダイジングは同時購買を促進する陳列方法であるのに対し，関連陳列は同時購買を促すための絶対的商品を組み合わせる手法ではない」ということ。関連陳列は大きなテーマにもとづき関連商品を組み合わせるもので，テーマに必要な商品は一応すべてそろえることを基本としている。関連陳列はコーディネート陳列とも呼ばれる。

⑧アー買上点数（個数）　　　イースポッター
ウースィングステッカー　　エーリーフレット

解説 「POP広告が1回当たりの買上点数（個数）を増加させる購買促進策である」ことについては，よく覚えておきたい。

また，ハンドブックは，スィングステッカー（Swing Sticker）について，「広告メッセージの部分とそれに続くベルト状の部分にカットされた厚紙のベルトの一端を粘着剤などで陳列棚に接着し，ステッカーの部分が風に揺れるようにしたもの」と述べている。

⑨ 3,000

解説 訪日外国人旅行者数については，近年持続的に増加し，2018年には3,000万人を突破したものの，新型コロナウイルスの感染拡大により，一気に減少したことと，政府は将来的にはその数が6,000万人台に達することを目標にしていることを覚えておこう。

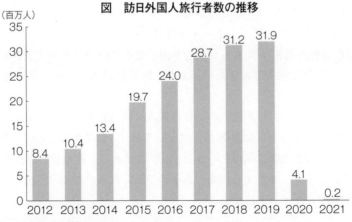

図　訪日外国人旅行者数の推移

（百万人）

年	2012	2013	2014	2015	2016	2017	2018	2019	2020	2021
人数	8.4	10.4	13.4	19.7	24.0	28.7	31.2	31.9	4.1	0.2

出所：日本政府観光局

⑩アー経済波及　　イー雇用誘発

　解説　P218 の図「旅行消費による経済波及効果（2020 年）」を見てもら
　　いたい。同図では，経済波及効果として，生産波及効果，付加価値誘
　　発効果，雇用誘発効果を挙げている。つまり，訪日外国人旅行者数が
　　増加し，その消費額が増加すると，その増加分の数倍の需要増加が新
　　たに創られるということである。

⑪アー買物代　　イー宿泊費

　解説　「買物代」「宿泊費」「飲食費」の順となっている。この順番は今後も
　　変化はないものと考えられるので，覚えておくとよい。また，2019
　　年の訪日外国人旅行消費額を国籍・地域別にみると，第 1 位は中国，
　　第 2 位は台湾，第 3 位は韓国，第 4 位は香港，第 5 位は米国である。

⑫ SDGs

　解説　SDGs は，「Sustainable Development Goals」の略。2000 年
　　に採択された「MDGs（ミレニアム開発目標）」は先進国によりその内
　　容が決められたことから，途上国からは反発もあった。しかし，
　　SDGs では目標づくりから途上国も参画した。なお，MDGs は 2015
　　年に達成期限を迎えたため，新たな目標として 2015 年 9 月，SDGs
　　が採択された。

⑬アー国連世界観光機関　　イー持続可能な開発目標

　解説　ここでのポイントは，「国連世界観光機関（UNWTO）」は，「持続
　　可能な開発目標（SDGs）を達成する手段としての観光促進にも取り
　　組んでいる」ということである。

⑭アーオーストラリア　　イーイギリス

　解説　訪日外国人 1 人当たり旅行支出が最も高いのはオーストラリアであ
　　る。これは覚えておきたい。また，第 2 位はイギリス，第 3 位はフラ
　　ンスである。
　　　2019 年における国別の訪日外国人旅行消費額は，オーストラリアが
　　第 7 位，イギリスは第 8 位，フランスは 11 位であるものの，1 人当た
　　りの旅行支出額は高いということ。別言すれば，欧米豪の旅行者は 1 回
　　の訪日で長く滞在する傾向にあるので，これをいかに取り組んでいくか
　　が今後のポイントになる。

⑮アーイギリス　　イーオーストラリア　　ウー中国

　解説 ⑭の **解説** で記述したように，欧米豪の旅行者は1回の訪日で
長く滞在する傾向にあるので，必然的に，宿泊費は欧米豪の旅行
者が高いものとなる。なお，東アジアについては地方部を訪問す
る旅行者が多いことから，これらの人々を訪日リピーターにする
ことで地方を活性化する糸口になると考えられる。

⑯観光地域づくり法人

　解説 ハンドブックは，観光地域づくり法人(DMO：Destination
Management ／ Marketing Organization)について，「地域の多
様な関係者を巻き込みつつ，科学的アプローチを取り入れた観光地域
づくりを行う舵取り役となる法人。2020年10月時点で，登録DMO
登録数：174団体，候補DMO登録数：119団体となっている」と述
べている。

⑰アーインバウンド　　イーカスタマージャーニー

　解説 ハンドブックは，カスタマージャーニー（Customer Journey）
について，「直訳すると「顧客の旅」。顧客が商品やサービスを知り，
最終的に購買するまでのカスタマーの行動や思考，感情などのプロ
セスを示す。これを図示化したものを「カスタマージャーニーマップ」
といい，図示化することで顧客の行動の全体像が俯瞰できる」と述べ
ている。

リテールマーケティング (販売士) 検定試験 1 級模擬テスト (マーケティング)

㊟実際のネット試験では, テスト開始の前に, 練習画面があって, 解答練習ができます。

模擬テストを始める前に

「ネット試験の概要」（P10）で説明したように，実際のネット試験は次のようになっています。

マーケティング　1／20問

　次の各問の〔　　〕の部分にあてはまる最も適当なものを選択肢から選びなさい。

　〔　　〕とは，小売業にとって，市場や顧客は客観的な存在ではあるが，小売業が自己の英知を結集して働きかければ，市場や顧客を変えることも，また，創り出すこともできるというものである。

　　◦　需要創造の原理
　　◦　主体性維持の原理
　　◦　販売中枢性の原理
　　◦　科学的市場認識の原理

マーケティング　2／20問

　次の各問の〔　　〕の部分にあてはまる最も適当なものを選択肢から選びなさい。

　〔　　〕とは，セグメンテーションなどの頭文字を取って名づけられた分析手法で，まず市場の細分化し，その中から自社が有利に戦えそうな特定部分を選び，その市場での自社の立ち位置を決めるというフレームワークである。

- ◦ SPEC 分析
- ◦ SPM 分析
- ◦ STP 分析
- ◦ SWOT 分析

マーケティング 11／20問

次の各問の〔　〕の部分にあてはまる最も適当な語句・短文を記入しなさい。

デモグラフィックデータにもとづいた顧客特性は，多数の人に当てはまる。しかし近年，〔　〕ことにより，「所得の高い男性は××を欲している」といったステレオタイプが急速に変化している。従来の常識にとらわれていると，どの顧客からも支持を得ない最大公約数的ルールを設定しがちになり，その結果，誤った施策をとってしまう可能性がある。

しかし，本書の「模擬テスト」は次のような出題形式にしますので，その点はご了解下さい。

◆マーケティング
　●次の各問の〔　〕の部分にあてはまる最も適当なものを選択肢から選びなさい。

① 〔　　〕とは，小売業にとって，市場や顧客は客観的な存在ではあるが，小売業が自己の英知を結集して働きかければ，市場や顧客を変えることも，また，創り出すこともできるというものである。
- 需要創造の原理
- 主体性維持の原理
- 販売中枢性の原理
- 科学的市場認識の原理

② 〔　　〕とはセグメンテーションなどの頭文字を取って名づけられた分析手法で，まず市場を細分化し，その中から自社が有利に戦えそうな特定部分を選び，その市場での自社の立ち位置を決めるというフレームワークである。
- ABC 分析
- REM 分析
- STP 分析
- SWOT 分析

〰〰　　　　〰〰

●次の各問の〔　　〕の部分にあてはまる最も適当な語句・短文を記入しなさい。

⑪　デモグラフィックデータにもとづいた顧客特性は，多数の人に当てはまる。しかし近年，〔　　〕ことにより，「所得の高い男性は××を欲している」といったステレオタイプが急速に変化している。従来の常識にとらわれていると，どの顧客からも支持を得ない最大公約数的ルールを設定しがちになり，その結果，誤った施策をとってしまう可能性がある。

⑫　□□（略）□□

〈制限時間〉
　ネット試験の制限時間は5科目で90分です。本書の模擬テストは「マーケティング」だけなので，(90÷5)×1＝18（分）とします。

模擬テスト1（マーケティング）

〈制限時間：18分〉

◆マーケティング （各5点×20 = 100点）

●次の各問の〔　　〕の部分にあてはまる最も適当なものを選択肢から選びなさい。

① 〔　　〕とは，「生産したものを売る」から「売れる（売れた）ものを生産要請する」へと小売業経営の考え方や姿勢が変化したことにもとづき，小売業内部の組織体制も販売活動を前面に押し出し，諸活動を販売活動を軸に展開している経営スタンスのこと。
- ○ 主体性維持の原理
- ○ 非価格競争の原理
- ○ 需要創造の原理
- ○ 販売中枢性の原理

② 効果的な市場細分化の前提条件として，4つ挙げられる。セグメントされた市場において，企業が効果的なマーケティング戦略を実行できるだけの経営資源を有しているかどうかということを〔　　〕という。
- ○ 実質性
- ○ 実行可能性
- ○ 測定可能性
- ○ 接近可能性

③ 〔　　〕とは，商品を品種（クラス）単位で取りそろえるのではなく，ライフスタイルのさまざまな場面（シーン）から商品を取りそろえて，それらをテーマ設定して売場づくりや購買促進活動に活かすことをいう。
- ○ マーケットセグメンテーション
- ○ ライフスタイルアソートメント
- ○ ライフスタイルセグメント
- ○ ライフスタイルコンテクスト

第1章

第2章

第3章

第4章

第5章

模擬テスト

239

④ ネルソンの立地選定に関する8原則のうち，〔　　〕とは，ある立地を前提とし，自店の取り扱う商品に対する商圏内の消費支出の総額と，自店のそこで占める割合を検討することをいう。
- ○　現在の商圏の潜在力の妥当性
- ○　商圏への接近可能性
- ○　累積的吸引力
- ○　立地の経済性

⑤ A店の売上高が1,845,000円，来店客数が500人，1人当たりの平均買上点数が4.5個であるとき，1品当たりの平均単価は〔　　〕となる。
- ○　780円　　　○　820円
- ○　860円　　　○　940円

⑥ 訪日外国人旅行消費額を費目別にみると，その構成比は〔　　〕の順に大きいものとなっている。
- ○　飲食費，宿泊費，買物代
- ○　宿泊費，飲食費，買物代
- ○　買物代，飲食費，宿泊費
- ○　買物代，宿泊費，飲食費

⑦ ハフの確率モデルは，次の経験的規則性などにもとづくものである。
- ●所与の小売施設を愛顧する消費者の割合は，それぞれの小売施設によって提供される〔　　〕によって異なる。
- ○　売場面積の広さ　　　○　商品構成の幅と奥行
- ○　商品のタイプ　　　　○　売場方式の違い

⑧ 下図は，店舗形態を品ぞろえの面から示したものである。A～E に該当する店舗形態の組合せが正しいものは〔　〕である。

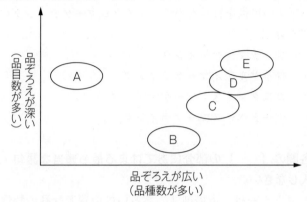

- A－百貨店　　　　　　　B－スーパーマーケット
  C－コンビニエンスストア　D－ホームセンター
  E－専門店
- A－百貨店　　　　　　　B－ホームセンター
  C－スーパーマーケット　D－コンビニエンスストア
  E－専門店
- A－専門店　　　　　　　B－スーパーマーケット
  C－コンビニエンスストア　D－ホームセンター
  E－百貨店
- A－専門店　　　　　　　B－コンビニエンスストア
  C－スーパーマーケット　D－ホームセンター
  E－百貨店

⑨ 〔　　〕は，売場を起点とした3P戦略（Pull戦略，Push戦略，Put戦略）から構成されている。Pull戦略は顧客を呼び込む来店促進策，Push戦略は来店客に商品を売り込む販売促進策，Put戦略は来店客に商品を取らせる購買促進策である。

- アトラクティブプロモーション
- リージョナルプロモーション
- インストアプロモーション
- インストアマーチャンダイジング

第1章　第2章　第3章　第4章　第5章　模擬テスト

⑩ 〔　　〕とは，総合品ぞろえスーパー（スーパーストア）が展開するネットスーパーにみられるように，個別ニーズに応じた販売やサービスの提供を行うもので，マイクロマーケティングの究極のタイプである。

- ○　ニッチマーケティング
- ○　ロイヤルティマーケティング
- ○　カスタマイズドマーケティング
- ○　データベースマーケティング

●次の各問の〔　　〕の部分にあてはまる最も適当な語句・短文などを記入しなさい。

⑪　P.コトラーは，市場創造，あるいは消費者行動の特性を把握する場合には，「4つのO」と呼ばれる質問をすることによって自己の市場を明確にすることが可能である，としている。その「4つのO」とは，「誰が買うか」「何を買うか」「なぜ買うか」「〔　　〕」である。

⑫　CRM導入を成功させるための具体的対応として，次の3つが挙げられる。

（1）〔　　〕だけに集中する

（2）特定の媒体やチャネルだけに集中する

（3）顧客の行動を自店が望むような方向に変えられる販促活動だけに集中する

⑬　小売店Sの1年間の店舗売上額が4億円で，そのうちの70％が小売店Sの戦略商圏Aにおける売上であったとする。このとき，小売店Sが設定している戦略商圏Aにおける全体の売上額（1年間）が〔　　〕万円であったとすると，戦略商圏Aにおける小売店Sの商圏シェアは20％となる。

⑭　下記の条件のとき，小売引力の法則・第 1 公式を用いた場合，Y 商品を購入するため，中間都市から都市 A へ流れる小売取引額は〔　　〕万円となる。

- ・都市 A の人口は 50 万人
- ・都市 B の人口は 20 万人
- ・中間の都市から都市 A までの距離は 20km
- ・中間の都市から都市 B までの距離は 10km
- ・中間の都市に Y 商品を販売する店はなく，Y 商品に対する年間購入額は 2,600 万円

⑮　ビジュアルプレゼンテーション（VP）は次のフローにもとづき実施される。③の〔　　〕にあてはまるものを，所定の欄に記入しなさい。

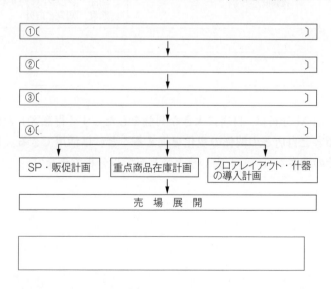

①〔　　　　　　　　　　　　　　　　　　　　　〕

②〔　　　　　　　　　　　　　　　　　　　　　〕

③〔　　　　　　　　　　　　　　　　　　　　　〕

④〔　　　　　　　　　　　　　　　　　　　　　〕

| SP・販促計画 | 重点商品在庫計画 | フロアレイアウト・什器の導入計画 |

売　場　展　開

⑯ 〔　　　〕とは，顧客が繰り返し購買することを促すために，有形および無形の便益を供与する諸施策のことで，具体的には，小売業における FSP やポイント制，航空業界における FFP などがある。

⑰ ロナルド・フランク，ウィリアム・マッシィ，ヨーラム・ウインドは下図のように，「顧客特性」と「測定指標」を基準にマーケットセグメンテーションを行った。〔　　　，　　　〕に該当するものを記入しなさい。

| | | 顧 客 特 性 | |
		一般的	特定状況関連的
測定指標	客観的	(Ⅰ) 人口学的要因， 社会経済的地位要因	(Ⅲ) 使用量・使用頻度， 購入銘柄，購入店舗， 購買状況要因
	推測的	(Ⅱ) 〔　　　　　〕	(Ⅳ) 商品・ブランドに対する 態度，知覚と選好

⑱ RFM 分析は，自店に大きな利益をもたらす「得意客」の発見や，顧客と自店との関係の変化を捉えることには活用できる。しかし，その顧客が〔　　　〕というところまでは分析できない。

⑲　行動ライフスタイルアプローチの特に評価すべき点は2つある。そのうちの1つは，「特定商品または特定ブランドの性格づけを行う場合，その商品ないしブランドだけを孤立させて取り上げることはなく，ライフスタイルの中で，〔　　　〕，という側面から検討していることである。

⑳　革新的流通システムの実現により，CVSは顧客に「商品面でのベネフィット」「時間面でのベネフィット」「場所面でのベネフィット」「品ぞろえ面でのベネフィット」を提供することになった。

　これらのベネフィットのうち，「時間面でのベネフィット」とは，「入店してから目的の商品へたどり着くまでのアクセスのよさ，〔　　，　　〕」などをいう。

◆マーケティング

①-販売中枢性の原理

　解説　需要創造の原理とは，マーケティングの考え方を支える原理の中で中心的な存在で，需要は経済の発展に伴って流動的に変化するが，小売業の側から積極的に働きかけることによっても拡大し，創造することもできるという考え方である。

②-実行可能性

　解説　市場を細分化する際，その前提となる条件として「測定可能性」「接近可能性」「実質性」「実行可能性」の4つがある。

　　また，市場を細分化する際に基準として使用される変数として「地理的変数」「人口統計的変数」「サイコグラフィック変数」「行動変数」がある。

③-ライフスタイルアソートメント

　解説　問題文はハンドブックに掲載されている「ライフスタイルアソートメント」の定義である。よって，「商品を品種（クラス）単位で取りそろえるのではなく」「それらをテーマにして売場づくりや購買促進活動に活かす」の箇所はよく覚えておくとよい。

④-現在の商圏の潜在力の妥当性

　解説　この場合"潜在力"に着目するとよい。「自店の取り扱う商品に対する商圏内の消費支出の総額と，自店のそこで占める割合を検討する」ということは，自店の商品の商圏内における潜在力を調べるということである。

⑤- 820円

　解説　売上高＝来店客数×客単価

　　売上高が1,845,000円，来店客数が500人であるので，

　　　1,845,000 = 500 ×客単価

　　∴客単価 = 1,845,000 ÷ 500

　　　　　　 = 3,690（円）

$$客単価 = 1品当たりの平均単価 \times 1人当たりの平均買上点数$$
$$\cdots\cdots (1)$$

客単価が 3,690 円，1 人当たりの平均買上点数が 4.5 個であるので，
$$3,690 = 1品当たりの平均単価 \times 4.5$$
$$\therefore 1品当たりの平均単価 = 3,690 \div 4.5$$
$$= 820（円）$$

⑥－買物代，宿泊費，飲食費

解説　費目別に訪日外国人旅行消費額の構成比（2019 年）をみると，買物代が 34.7％と最も大きく，次いで宿泊費（29.4％），飲食費（21.6％）の順に大きい。

⑦－商品構成の幅と奥行

解説　ハンドブックでは，「D.L. ハフの確率モデルは，次のような経験的規則性にもとづいている」と述べている。

ⅰ）所与の小売施設を愛顧する消費者の割合は，小売施設からの距離によって異なる。

ⅱ）所与の小売施設を愛顧する消費者の割合は，それぞれの小売施設によって提供される商品構成の幅と奥行によって異なる。

ⅲ）消費者がさまざまな小売施設へ行くまでの距離は，購買される商品のタイプによって異なる。

ⅳ）ある所与の小売施設の吸引力は，競争する小売施設の近接性に影響される。

⑧－A －専門店　　　　　B －コンビニエンスストア
　　C －スーパーマーケット　D －ホームセンター
　　E －百貨店

解説　このタイプの問題は，専門店に該当するものをまず考えることである。専門店の場合，品種数が少なく，品目数が多いので，A に該当することになる。

　専門店と対極にあるのが百貨店である。つまり，品種数も多く，品目数も多いので，E に該当する。次に，コンビニエンスストアについて考えてみる。ホームセンターやスーパーマーケットに比べ，品種数も品目数も少ないので，B に該当する。

⑨－リージョナルプロモーション

解説　P168の図「リージョナルプロモーションの体系」を再度見てもらいたい。

すなわち，アトラクティブプロモーションは売上増加をはかるPull戦略としての来店促進策である。インストアプロモーションは売上増加をはかるPush戦略としての販売促進策である。インストアマーチャンダイジングは売上増加をはかるPut戦略としての購買促進策である。

⑩－カスタマイズドマーケティング

解説　カスタマイズドマーケティングとニッチマーケティングについては，P50とP51を参照してもらいたい。

ハンドブックは，ニッチマーケティングに関して，「たとえば，有機栽培・特別栽培の農産物をはじめ，製法にこだわった調味料や安全・安心な菓子類などを幅広く取りそろえるスーパーマーケットなどの台頭に代表される」と記述している。

ロイヤルティマーケティングについてはP116，データベースマーケティングについてはP111を参照してもらいたい。

⑪－どんな方法で買うか

解説　ハンドブックでは，「4つの質問をして市場と生活者を把握し，市場と生活者に対応したマーケティングミックスを慎重に決定する」とも述べている。よって，「市場と生活者」に空欄が設けられる可能性もある。特に，「生活者」はここでのキーワードとなっている。

⑫－特定の顧客グループ

解説　(2)と(3)については次の箇所に〔　　〕が設けられると考えられる。〔特定の媒体やチャネル〕〔自店が望むような方向に変えられる販促活動〕

あるいは，(1)，(2)，(3)のどれか1つをすべて記入することを求められる可能性もある。たとえば，(1)については，〔特定のグループだけに集中する〕

⑬ − 140,000

解説　戦略商圏内における商圏シェアを求める計算式は以下の通りである。

$$\text{戦略商圏内における商圏シェア} = \frac{\text{店舗売上額のうち戦略商圏内売上額}}{\text{戦略商圏内における総需要額}} \times 100$$

総需要額＝総売上額であることから，次式が成立する。

$$\text{戦略商圏内における商圏シェア} = \frac{\text{店舗売上額のうち戦略商圏内売上額}}{\text{戦略商圏内における総売上額}} \times 100$$

　小売店Sの1年間の店舗売上額が4億円で，そのうちの70％が小売店Sの戦略商圏Aにおける売上であることから，小売店Sの戦略商圏内売上額は次式で表すことができる。

40,000（万円）× 0.7 = 28,000（万円）

　また，戦略商圏Aにおける小売店Sの商圏シェアは20％であることから，戦略商圏Aにおける総売上額（年間）をxとすると，次の式が成立する。

$$20 = \frac{28,000}{x} \times 100$$
$$20x = 2,800,000$$
$$x = \frac{2,800,000}{20}$$
$$= 140,000 \text{（万円）}$$

⑭ − 1,000

解説　小売引力の法則・第1公式は次式で示される。

$$\frac{Ba}{Bb} = \left(\frac{Pa}{Pb}\right)^N \times \left(\frac{Db}{Da}\right)^n$$

Ba：A市が中間の都市から吸引する小売販売額
Bb：B市が中間の都市から吸引する小売販売額
Pa：A市の人口
Pb：B市の人口
Da：A市と中間の都市の距離
Db：B市と中間の都市の距離
N ≒ 1
nは通常2とする

題意より，Pa = 50（万人），Pb = 20（万人）

$\qquad$ Da = 20（km），Db = 10（km）

また，N ≒ 1，n = 2

これらを公式に入れると，次のようになる。

$$\frac{Ba}{Bb} = \left(\frac{Pa}{Pb}\right)^N \times \left(\frac{Db}{Da}\right)^n$$

$$\frac{Ba}{Bb} = \left(\frac{50}{20}\right)^1 \times \left(\frac{10}{20}\right)^2$$

$$= \frac{5}{2} \times \frac{1}{4}$$

$$= \frac{5}{8}$$

∴ Ba：Bb = 5：8

また，中間の都市において，Y商品を販売する店はなく，Y商品に対する年間購入額は2,600万円であることから，次式が成立する。

$$Ba = 2,600 \times \frac{5}{5+8} = 2,600 \times \frac{5}{13} = 1,000（万円）$$

$$Bb = 2,600 \times \frac{8}{5+8} = 2,600 \times \frac{8}{13} = 1,600（万円）$$

⑮－年間52週重点商品の選定

[解説] 本文でも述べたように，「VP実施上のフロー」は覚えておくこと。①の〔 〕には「年間52週販売計画の策定」，②の〔 〕には「年間52週テーマの設定」，④の〔 〕には「年間52週VP計画の策定」がそれぞれ入る。

⑯－ロイヤルティプログラム

[解説] ● FSP（Frequent Shoppers Program）…… 優良顧客を優遇したり，魅力ある特典を提供することで，より一層，顧客ロイヤルティを向上させようというもの。

● FFP（Frequent Flyers Program）…… 航空会社が顧客にマイレージカードを発行し，顧客が利用したマイレージ（積算飛行距離）に応じてマイレージポイントを付与するというもの。

⑰－パーソナリティ特性，ライフスタイル

[解説] 本問と類似した問題は第81回販売士検定試験において出題された。現在のようなネット試験ではないので，記述欄は4か所であった。すなわち，「パーソナリティ特性，ライフスタイル」のほかに，

「人口学的要因，社会経済的地位要因」「使用量・使用頻度，購入銘柄，購入店舗，購買状況要因」「商品・ブランドに対する態度，知覚と選好」についても記述が求められた。

　本問を掲載したねらいは，本問のように，ハンドブックに掲載されている表や図を使って，出題されることがよくあるので，本書に掲載した，ハンドブックの表や図をよくチェックしてもらいたいということである。

⑱－どのような人物像を持つのか

　[解説]　つまり，RFM 分析のメリットは，「自店に大きな利益をもたらす「得意客」の発見や，顧客と自店との関係の変化を捉えることができること」。一方，デメリットは，「顧客がどのような人物像であるかを把握できないため，その顧客に対してどんな行動をとるべきかがわからないこと」。

⑲－ほかのいかなる商品と強い結びつきがあるか

　[解説]　つまり，ライフスタイルコンテクストにおいて，商品やブランドを位置づけていることである。

　行動ライフスタイルアプローチの特に評価すべき点のもう1つは，本文で既述したように，「消費主体を単一商品の使用者ないし購買者として捉えるのではなく，複数の商品を相互に関連させ，組み合わせて，1つのライフスタイルを形成する主体として把握する」という視点がみられることである。

　したがって，「複数の商品を相互に関連させ，組み合わせて，1つのライフスタイルを形成する主体」の箇所がポイントになる。

⑳－売場での商品を選ぶ時の短さ，目的の商品に関連した商品を同時購買できる時間の短さ

　[解説]　●商品面でのベネフィット…… 1人用としての買い求めやすさを提供するにとどまらず，調理済み食品（出来立て）が24時間いつでも用意されていること。
　●場所面でのベネフィット…… CVS の多店舗展開の結果，どこにいても CVS が近くにあること。
　●品ぞろえ面でのベネフィット…… 約100m² 程度の売場面積に約3,000品目を品ぞろえしていて，しかも，約3,000品目のうちの約3分の2を1年間に新商品などと入れ替えることで，顧客を飽きさせない品ぞろえを実現していること。

模擬テスト 2 (マーケティング)

◆マーケティング
（各5点 × 20 = 100点）

◉次の各問の〔　　〕の部分にあてはまる最も適当なものを選択肢から選びなさい。

① STP分析は〔　　〕が提唱したもので，市場において独自優位性を発揮するマーケティング戦略を考えるためのフレームワークとして，業種を問わず活用されている。

- ○ P.コトラー
- ○ E.J.マッカーシー
- ○ B.ローゼンブルーム
- ○ E.D.マックゲリー

② サイコグラフィックデータの収集方法には，4つある。これらのうち，〔　　〕が最も現実的で，汎用性が高いとされているが，この方法だけでは顧客のサイコグラフィック特性は把握できない。

- ○ アンケート方法
- ○ 感性インデックス方式
- ○ 診断サービス方式
- ○ 購買履歴からの推論方式

③ 小売店の影響力が距離とともにどう変化するかをモデル的に示した図において，小売店の最も影響力の強い区分に顧客の68%が集中していることから，概念的に，この区間を〔　　〕として設定している。

- ○ 1次商圏
- ○ 2次商圏
- ○ 自然商圏
- ○ 戦略商圏

④ 下記の条件のとき，小売引力の法則・第2公式を用いた場合，F市から〔　　〕の地点が小売商圏分岐点となる。

- ● E市の人口が90万人
- ● F市の人口が10万人
- ● E市とF市の間の距離は60km

○ 12km ○ 15km
○ 18km ○ 20km

⑤ 下図は，ライフスタイルセグメンテーションの標準的な手順を表したものである。
第4ステップの〔　　〕に該当するものを選びなさい。

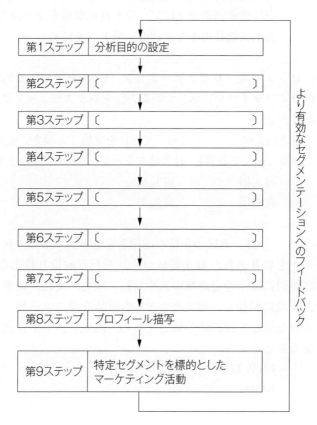

○ グルーピング ○ グループ別クロス分析
○ 次元の縮小 ○ 単純集計・クロス集計

⑥ 店舗レベルでのROIの数値は, 売上高総利益率, 売上高総費用率, 売上高, 売場資産価値の4つの変数によって決まる。

よって, たとえば, ROIの数値を向上させるためには, 〔　　〕必要がある。
- ○ 売上高総利益率を上げて, 売場資産価値を下げる
- ○ 売上高を高めて, 売上高総利益率を下げる
- ○ 売場資産価値を上げて, 売上高総費用率を下げる
- ○ 売上高総費用率を上げて, 売上高を低める

⑦ ビジュアルプレゼンテーション (VP) を実施する際, 重点商品のライフサイクルに応じて販売方法をドラスティックに変えていく必要がある。

重点商品の〔　　〕においてVPを実施する場合, 売場は入口側, 主通路に面して設営し, 什器はステージ, ステーブルなどを使用する。
- ○ 導入期　　　　○ 成長期
- ○ 成熟期　　　　○ 衰退期

⑧ 〔　　〕は, 地域の多様な関係者を巻き込みつつ, 科学的アプローチを取り入れた観光地域づくりを行う舵取り役となる法人で, 具体的には, 特定地域の食や自然, 歴史, 文化, 風習といった観光資源に精通し, 観光地のPRや商品開発, マーケティング等の活動を通じて観光地の魅力を高め, 地域経済を活性化するための施策を実施する。
- ○ UNWTO　　　○ DSS
- ○ DMO　　　　○ LTV

⑨ インストアマーチャンダイジングは売上増加をはかるプット戦略としての購買促進策で, その中心的テーマは, 「定番商品の売場生産性 (販売効率) を従前よりも向上させる棚割の企画・検討」「店内の各売場への立寄率の向上による〔　　〕の推進」などである。
- ○ シェルフマネジメント　　　○ スペースマネジメント
- ○ フロアマネジメント　　　　○ ビジュアルマネジメント

---

⑩　B.P.ウルフは，顧客の状況はさまざまで，1人ひとりが異なる利益または損失を小売店に与えるという，ワン・トゥ・ワンの根拠の1つである効率とかかわる部分との関連で，下表のように顧客をいくつかに分類した。

下表の〔　　〕にあてはまる顧客名は次のうちどれか。

	顧客名	週平均購入額（ドル）	売上高総利益率(%)	来店期間（年）	累計総利益総額（ドル）
1		53	25	17+	11,713
2		27	22	10	3,089
3	〔　　　　〕	8	18	4	300
4		3	16	2+	50
5		1	15	1.5	12

- シェリー・チェリー
- キャロル・コンビニエンス
- ラッセル・レギュラー
- ステュアート・スプリット

◉次の各問の〔　　〕の部分にあてはまる最も適当な語句・短文などを記入しなさい。

⑪　マーケティングコントロールには，4つのタイプがある。これらのうち，〔　　〕によって，ある商品，販売地域，あるいは各市場において利益動向が思わしくないことが示されたとき，販売員活動，広告，販売促進，流通などをより効率的に管理する方法はないかということが問題となり，効率性コントロールが実施されることになる。

⑫　商圏内の潜在力をどれだけ自店に吸収できるかは，人々が近くを通り過ぎる可能性に依存するが，それを検討する際，小売業の形態を3つに分けるのが有効であるとされている。これらのタイプのうち，〔　　〕は買物目的ではない通勤者や交通機関利用者などがついでに購入する小売店のタイプである。

⑬ 下記の条件のとき，新・小売引力の法則を用いた場合，消費者の居住するB市から外部のA市に吸引される，買回品Yに対する購買額は〔　　〕万円である。

- A市の人口は40万人
- B市の人口は20万人
- A市とB市の間の距離は6km
- 慣性因子は4km
- B市の消費者の，買回品Yに対する購買額は2,800万円

⑭ 下図は，CVSのマーケティングシステムの体系を示したものである。図中の「マーケティングシステム型店舗運営」とは何を指しているかを〔　　〕に記述しなさい。

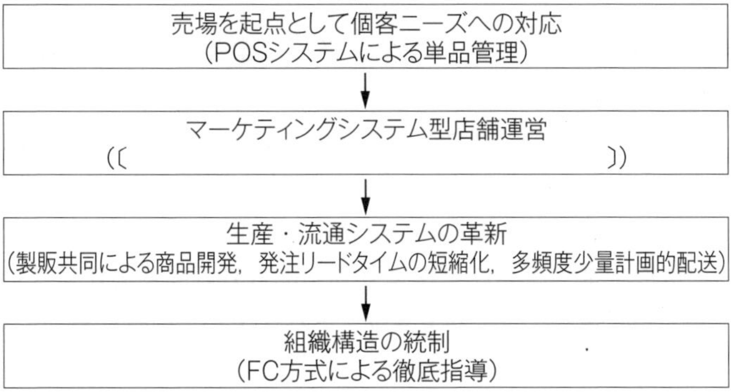

売場を起点として個客ニーズへの対応
（POSシステムによる単品管理）

↓

マーケティングシステム型店舗運営
（〔　　　　　　　　　　　　　　　　　　〕）

↓

生産・流通システムの革新
（製販共同による商品開発，発注リードタイムの短縮化，多頻度少量計画的配送）

↓

組織構造の統制
（FC方式による徹底指導）

⑮ SWOT分析とは，自社を取り巻く内部環境と外部環境をそれぞれ，プラス面とマイナス面に分けて分析することで，その意義は自社の今後の〔　　〕ことにある。

第1章

⑯　ロイヤルティマーケティングのポイントは，顧客ピラミッドでの〔　　〕である。これは，利用顧客を戦略顧客へ，さらには重要顧客，上客へとアップさせるためのアプローチの手法はすべて異なるということである。

第2章

⑰　E.J.マッカーシーが提唱した「4P理論」の骨子は，Product（製品），Price（価格），Promotion（販売促進），Place（場所）の4Pを適切に組み合わせて，標的市場に向けてアプローチしていくが，その際，環境・制約要因の動きにも十分配慮する必要があるというものである。

ここでいう環境・制約要因とは，「文化的・社会的環境」，「政治的・法律的環境」「経済的環境」，〔「　　　」，「　　　」〕をいう。

第3章

⑱　CRM（カスタマーリレーションシップ・マネジメント）における顧客維持の重要性は次のように認識されている。
- 新規に顧客を獲得することは，〔　　　〕。
- 一度離れた顧客を再び取り戻すのは，離反しないように満足させることよりもはるかに高コストであること。
- 新商品は新規顧客に販売するよりも，既存顧客に販売するほうがはるかに簡単であること。

第4章

第5章

模擬テスト

⑲　デモグラフィック分析や RFM 分析のような従来の CRM は，これまで容易に顧客情報を取得できるメリットがあったことから，それなりの成果を上げることができた。しかし，大きな成果を上げるには至っていない。そのため，顧客理解の方法を見直すべきだとの意見が出ているが，どのような状況が現れたら，従来型の CRM が限界にきていると判断すべきか。

　　それらの状況を〔　　　，　　　，　　　〕に，具体的に 3 つ記入しなさい。

┌─────────────────────────────────┐
│   │
│   │
└─────────────────────────────────┘

⑳　ライフスタイルアソートメント志向型小売業における，需要カテゴリーを基軸としたライフスタイルアソートメントの展開フローは一般に，下図のようになっている。

　　④〔　　〕の選定 の〔　　〕の部分にあてはまるものを記入しなさい。

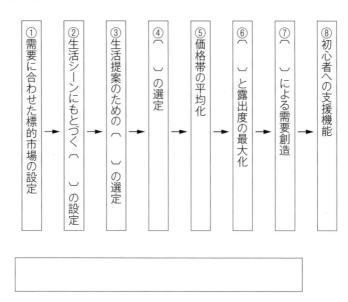

①需要に合わせた標的市場の設定 → ②生活シーンにもとづく〔　　〕の設定 → ③生活提案のための〔　　〕の選定 → ④〔　　〕の選定 → ⑤価格帯の平均化 → ⑥〔　　〕と露出度の最大化 → ⑦〔　　〕による需要創造 → ⑧初心者への支援機能

┌─────────────────────────────────┐
│   │
│   │
└─────────────────────────────────┘

模擬テスト2　正解＆解説

得点　／　100点

◆マーケティング

① − P. コトラー

　解説　E.J. マッカーシーは「4P理論」の提唱者として有名である。また，E.J. マッカーシーは，購買行動を起こさせる動機を情緒的動機と合理的動機に分類した。

　B. ローゼンブルームは4P理論をもとに，小売業の立場から4Pの構成要素を分類した。

　また，ハンドブックは，E.D. マックゲリーについて，「マックゲリーは，科学的なマーケティングの方法には，①事実の選択，②事実の記録，③無秩序を秩序立ったものにするため，事実をある実行可能な形に整理し直すこと，④公式，または結論を見いだすこと，の4段階があると主張している」と記述している。

② − 購買履歴からの推論方式

　解説　「購買履歴だけでは顧客のサイコグラフィック特性が把握できない」点について，ハンドブックは「何を買ったかという情報からは，「なぜ」買ったかという購買動機はわからない」と述べている。そのため，「顧客の維持，拡大に結びつくような販売促進策などを実施することは難しい」としている。

③ − 戦略商圏

　解説　P145の図「戦略商圏の考え方」を見てもらいたい。この図は小売店の影響力が距離とともにどう変化するかを示したものであるが，図に示された曲線の下側部分の面積がその小売店の顧客数を表している。この面積を標準偏差 δ および 2δ で区分すると，その面積比は68：27：5となる。したがって，この区間を戦略商圏として設定できる。

　なお，これはあくまでも概念的なものであるので，実際には具体的な業種について，具体的な環境条件を考慮に入れて検討しなければならない。

第1章

第2章

第3章

第4章

第5章

模擬テスト

④ - 15km

解説 小売引力の法則・第2公式は次式で示される。

$$DF = \frac{Def}{1 + \sqrt{\dfrac{Pe}{Pf}}}$$

DF：F市から小売商圏分岐点までの距離
Def：E市とF市の間の距離
Pe ：E市の人口
Pf ：F市の人口

E市の人口は90万人，F市の人口は10万人，E市とF市の間の距離は60kmであるので，これらを上式に入れると，

$$DF = \frac{60}{1 + \sqrt{\dfrac{90}{10}}} = \frac{60}{1+3} = \frac{60}{4} = 15$$

以上より，DF=15(km) となり，F市から小売商圏分岐点までの距離は15kmとなる。

⑤ - 単純集計・クロス集計

解説 第2ステップ～第7ステップは次のようになる。

第2ステップ 〔調査設計〕
第3ステップ 〔フィールド調査〕
第4ステップ 〔単純集計・クロス集計〕
第5ステップ 〔次元の縮小〕
第6ステップ 〔グルーピング〕
第7ステップ 〔グループ別クロス分析〕

⑥ - 売上高総利益率を上げて，売場資産価値を下げる

解説 店舗レベルのROIを下のように定義できる。

$$ROI = \frac{売上高 \times (売上高総利益率 - 売上高総費用率)}{売場資産価値}$$

したがって，ROIの数値を向上させるためには，4つの変数がそれぞれ下式のように変化すればよい。

$$ROI = \frac{\overset{(\nearrow)}{売上高} \times (\overset{(\nearrow)}{売上高総利益率} - \overset{(\searrow)}{売上高総費用率})}{\underset{(\searrow)}{売場資産価値}}$$

　　ここでのポイントの1つは，ROIを向上させるためには，「売場資産価値を下げる」ということである。

⑦－導入期

解説　これについては，P207の図「VP実施上の概要」を再度見てもらいたい。この図を使った問題が出題される可能性も十分あるので，まずは「フロアレイアウトの特徴」「什器の種類」の違いについて覚えておくとよい。

⑧－DMO

解説　DMOとは，Destination Management /Marketing Organizationの略称で，「観光地域づくり法人」のこと。
・UNWTO……World Tourism Organizationの略称で，「世界観光機関」のこと。責任ある，持続可能で，誰もが参加できる観光の推進を責務とする国連機関である。
・DSS……Decision Support Systemの略称で，「ディシジョンサポートシステム」のこと。ハンドブックは，「企業や組織経営の意思決定をサポートする，「意思決定支援システム」のこと」と述べている。
・LTV……Life Time Valueの略称で，「顧客生涯価値」のこと。1人ひとりの顧客が長期間において，特定の小売業に対して，どの程度の利益をもたらしたかを算出したものである。

⑨－フロアマネジメント

解説　スペースマネジメントは，フロアマネジメントとシェルフマネジメントに分類される。フロアマネジメントは，導線計画，ゾーニング，パワーカテゴリーの配置，レイアウト計画などから構成される。一方，シェルフマネジメントは，フェイシング，プラノグラム，ゴンドラ構成などから成る。
　　また，インストアマーチャンダイジングの中心的テーマには，これらのほかに，「エンドスペースやプロモーションスペースの売場生産性（販売効率）を高めるような企画テーマの設定やディスプレイ」がある。

⑩－ステュアート・スプリット

解説 下表は，P116 に掲載したものである。そこに記述されているように，それぞれの顧客名の意味は次の通りである。

	顧客名	意　味
1	ルーシー・ロイヤル	売上貢献度が上位 2 割に入る顧客
2	ラッセル・レギュラー	常連客
3	ステュアート・スプリット	複数店を掛け持ち利用する顧客
4	シェリー・チェリー	あちこちの小売店で特売品を買い回る（おいしい実だけを摘む）チェリーピッカー
5	キャロル・コンビニエンス	偶然近くを通りかかり，自分の都合でたまたま来店した顧客

⑪－収益性分析

解説 収益性コントロールの目的は，収益をあげている分野と，損失を出している分野の検証を行うことにある。そして，これを受けて，つまり収益性分析の結果，利益性動向が悪いものについては，効率性コントロールが実施されることになる。効率性コントロールでは，セールス・フォースの効率性，広告の効率性，販売促進の効率性などの評価，および改善が実施される。

⑫－通行量依存型小売店

解説 通行量依存型小売店の主たる売上は，買物目的ではない通勤者や交通機関利用者による購入であるが，売上の何％あるいは何十％かは，近隣店顧客依存型小売店，顧客創出型小売店を利用した者による購入が含まれる。

⑬－ 1,600

解説 新・小売引力の法則は次式で示される。

$$\frac{Ba}{Bb} = \left(\frac{Pa}{Hb}\right)\left(\frac{i}{d}\right)^2$$

Ba：消費者の居住する B 市から外部の A 市に吸引される部分

Bb：地元の B 市に残留する部分

Pa：A 市の人口

Hb：B 市の人口

 d：A 市と B 市の間の距離

 i：慣性因子

A市の人口は40万人，B市の人口は20万人，A市とB市の距離は6km，慣性因子は4kmであるので，これらを上式に入れると，

$$\frac{Ba}{Bb} = \left(\frac{Pa}{Hb}\right)\left(\frac{i}{d}\right)^2$$

$$\frac{Ba}{Bb} = \left(\frac{40}{20}\right)\left(\frac{4}{6}\right)^2$$

$$= \left(\frac{2}{1}\right)\left(\frac{2}{3}\right)^2$$

$$= \frac{2}{1} \times \frac{4}{6}$$

$$= \frac{4}{3}$$

∴ Ba : Bb = 4 : 3

B市の消費者の，買回品Yに対する購買額は2,800万円であるので，求めるものは次式で表すことができる。

$$2,800 \times \frac{4}{4+3} = 2,800 \times \frac{4}{7}$$

$$= 1,600 （万円）$$

⑭- POSデータにもとづく発注と売れ筋中心の多品種少量の品ぞろえ

[解説]　本問と類似した問題は第87回販売士検定試験において出題された。現在のようなネット試験ではないので，記述欄は3か所であった。すなわち，「マーケティングシステム型店舗運営」のほかに，「生産・流通システムの革新」「組織構造の統制」についても記述が求められた。

既述したように，本問を掲載したねらいは，本問のように，ハンドブックに掲載されている図や表を使って，出題されることがよくあるので，本書に掲載した，ハンドブックの図や表をよくチェックしてもらいたいということ。

⑮-チャンスとリスクを見極める

[解説]　SWOT分析については，第43回の販売士検定試験において出題された。設問は，「SWOT分析の4つの要素とその内容について記述しなさい」「SWOT分析の意義について説明しなさい」の2つ。よって，SWOT分析の4つの要素，「強み」「弱み」「機会」「脅威」に関する問題が出題される可能性はある。

⑯－階層別アプローチ

　解説　これについては，P118 に詳しく説明してあるので，それを再度読んでもらいたい。ここでの重要語は，「顧客ピラミッド」「階層別アプローチ」「上客」「重要顧客」「戦略顧客」「利用顧客」である。覚える用語が多いので，繰り返しチェックすることがポイントである。

⑰－「現在の競争企業の状況」，「会社の資源と目的」

　解説　これについては，P46 の図「マーケティングミックスの概念」を再度チェックしてもらいたい。

　また，この図をもとに B. ローゼンブルームが，小売業の立場から，下表の「小売業にとっての4Pの構成要素」を作成している。この表も出題される可能性があるので，自分なりに対策を講じてもらいたい。

表　小売業にとっての4Pの構成要素

Product	Place	Promotion	Price
・品ぞろえの深さと幅 ・ファッション ・品質 ・サービス ・ブランド	・店舗の立地 ・流通センター ・輸配送 ・商品の取扱い	・広告宣伝 ・人的販売 ・販売促進 ・店舗の雰囲気 ・店舗レイアウト ・店舗およびウインドウ・ディスプレイ	・価格ライン ・価格のポイント ・価格の魅力度 ・クレジット

資料：B.Rosenbloom, Retail Marketing, Randam House
出典：『小売経営戦略』同友館
出所：『販売士ハンドブック（発展編）』

⑱－既存顧客の維持に比べてはるかに高コストであること

　解説　これらのほかには，「すべての顧客が一様に利益をもたらすわけではなく，一部の顧客はほかの顧客よりもはるかに収益性が高かったり，またその逆もあったりすること」がある。

　また，ハンドブックは，CRM のねらいとして次の3点を挙げているので，これらも覚えておいたほうがよい。
- ●将来優良顧客となりそうな予備軍を発見して獲得する。
- ●顧客1人当たりの売上高を向上させる。
- ●顧客の離反を阻止する。

⑲－ハンドブックでは次の7つを挙げているので，これらのうち3つ
を記入すればよい。

　　　・RFM分析を導入したが成果が出ない。
　　　・既存顧客の購買単価や購買頻度が上がらない。
　　　・上位顧客の維持率が低下している。
　　　・初回購買顧客の継続率が低下している。
　　　・ダイレクトメール（DM）の反応率が下がっている。
　　　・ある年齢になると顧客が離れていく。
　　　・顧客をどのように捉えたらよいのかわからない。

　解説　従来のCRMが大きな成果を上げるに至っていない理由につ
いて，ハンドブックは，「「既得データの活用」に目を奪われ，「顧客
の何を把握すると次のとるべき一手が見えるのか」という本来なさ
れるべき議論が実行に移されていないからである」と述べている。

⑳－従属品種と従属品目

　解説　P86の図「需要カテゴリーを基軸としたライフスタイルアソ
ートメントの展開フロー」を再度見てもらいたい。

　本問の類似問題は，第85回販売士検定試験において出題された。
空欄は，①の「需要に合わせた市場標的」，③の「主品種と主品目」，
④の「従属品種と従属品目」，⑥の「類似品目のカットと露出度の最
大化」，⑦の「コラボレーション」の5か所であった。

　ネット試験に移行し，どういう出題形式になるかはわからないが，
よく出題される箇所であるので，十分準備しておきたい。

第1章
第2章
第3章
第4章
第5章
模擬テスト

スイスイうかる 販売士(リテールマーケティング)1級問題集 part4

2023年7月20日　初版　第1刷発行

編　　　集	TAC販売士研究会	
著　　　者	中　谷　安　伸	
発　行　者	多　田　敏　男	
発　行　所	TAC株式会社　出版事業部	
	（TAC出版）	

〒101-8383
東京都千代田区神田三崎町 3-2-18
電　話 03 (5276) 9492 (営業)
FAX 03 (5276) 9674
https://shuppan.tac-school.co.jp

組　　　版	有限会社 文　字　屋	
印　　　刷	日　新　印　刷　株式会社	
製　　　本	株式会社 常　川　製　本	

© TAC 2023　　　Printed in Japan　　　　　　ISBN 978-4-8132-9963-9
　　　　　　　　　　　　　　　　　　　　　　　　　N.D.C. 338

乱丁・落丁による交換、および正誤のお問合せ対応は、該当書籍の改訂版刊行月末日までといたします。なお、交換につきましては、書籍の在庫状況等により、お受けできない場合もございます。
また、各種本試験の実施の延期、中止を理由とした本書の返品はお受けいたしません。返金もいたしかねますので、あらかじめご了承くださいますようお願い申し上げます。

TAC出版 書籍のご案内

TAC出版では、資格の学校TAC各講座の定評ある執筆陣による資格試験の参考書をはじめ、資格取得者の開業法や仕事術、実務書、ビジネス書、一般書などを発行しています!

TAC出版の書籍

*一部書籍は、早稲田経営出版のブランドにて刊行しております。

資格・検定試験の受験対策書籍

- ❂日商簿記検定
- ❂建設業経理士
- ❂全経簿記上級
- ❂税　理　士
- ❂公認会計士
- ❂社会保険労務士
- ❂中小企業診断士
- ❂証券アナリスト

- ❂ファイナンシャルプランナー(FP)
- ❂証券外務員
- ❂貸金業務取扱主任者
- ❂不動産鑑定士
- ❂宅地建物取引士
- ❂賃貸不動産経営管理士
- ❂マンション管理士
- ❂管理業務主任者

- ❂司法書士
- ❂行政書士
- ❂司法試験
- ❂弁理士
- ❂公務員試験(大卒程度・高卒者)
- ❂情報処理試験
- ❂介護福祉士
- ❂ケアマネジャー
- ❂社会福祉士　ほか

実務書・ビジネス書

- ✪会計実務、税法、税務、経理
- ✪総務、労務、人事
- ✪ビジネススキル、マナー、就職、自己啓発
- ✪資格取得者の開業法、仕事術、営業術
- ✪翻訳ビジネス書

一般書・エンタメ書

- ✪ファッション
- ✪エッセイ、レシピ
- ✪スポーツ
- ✪旅行ガイド (おとな旅プレミアム/ハルカナ)
- ✪翻訳小説

書籍の正誤に関するご確認とお問合せについて

書籍の記載内容に誤りではないかと思われる箇所がございましたら、以下の手順にてご確認とお問合せをしてくださいますよう、お願い申し上げます。

なお、正誤のお問合せ以外の**書籍内容に関する解説および受験指導などは、一切行っておりません。**
そのようなお問合せにつきましては、お答えいたしかねますので、あらかじめご了承ください。

1 「Cyber Book Store」にて正誤表を確認する

TAC出版書籍販売サイト「Cyber Book Store」の
トップページ内「正誤表」コーナーにて、正誤表をご確認ください。

CYBER TAC出版書籍販売サイト
BOOK STORE

URL:https://bookstore.tac-school.co.jp/

2 ❶の正誤表がない、あるいは正誤表に該当箇所の記載がない ⇒ 下記①、②のどちらかの方法で文書にて問合せをする

★ご注意ください★

お電話でのお問合せは、お受けいたしません。
①、②のどちらの方法でも、お問合せの際には、「お名前」とともに、
「対象の書籍名(○級・第○回対策も含む)およびその版数(第○版・○○年度版など)」
「お問合せ該当箇所の頁数と行数」
「誤りと思われる記載」
「正しいとお考えになる記載とその根拠」
を明記してください。
なお、回答までに1週間前後を要する場合もございます。あらかじめご了承ください。

① ウェブページ「Cyber Book Store」内の「お問合せフォーム」より問合せをする

【お問合せフォームアドレス】

https://bookstore.tac-school.co.jp/inquiry/

② メールにより問合せをする

【メール宛先　TAC出版】

syuppan-h@tac-school.co.jp

※土日祝日はお問合せ対応をおこなっておりません。
※正誤のお問合せ対応は、該当書籍の改訂版刊行月末日までといたします。

乱丁・落丁による交換は、該当書籍の改訂版刊行月末日までといたします。なお、書籍の在庫状況等により、お受けできない場合もございます。
また、各種本試験の実施の延期、中止を理由とした本書の返品はお受けいたしません。返金もいたしかねますので、あらかじめご了承くださいますようお願い申し上げます。

(2022年7月現在)